Eigentijdse quilts
vouwpatchwork

Eigentijdse quilts
vouwpatchwork

TWINTIG CREATIES MET
STOFBEWERKINGSTECHNIEKEN

Louise Mabbs en Wendy Lowes

Veltman Uitgevers

Opgedragen aan Ruth Hodgson-Withers, een inspirerende creatieve vrouw die borstkanker overleefde, maar veel te jong overleed na een ontijdig auto-ongeluk toen ik bezig was dit boek te schrijven. LM

Opgedragen aan mijn man David, die buitengewoon geduldig is geweest en me heeft aangemoedigd in de periode dat ik aan het schrijven was en de creaties bedacht. WL

Oorspronkelijke titel: Quilter's Guide to Twists & Tucks – 20 folded fabric projects

Ontwerp: Louise Leffler
Fotografie: Michael Wicks

Redactie en productie Nederlandstalige editie:
Textcase, Hilversum
Vertaling voor Textcase: Josée Jakobs
Omslagontwerp: Ton Wienbelt, Den Haag
Opmaak: De ZrIJ, Utrecht

ISBN: 978 90 5920 781 3

Voor meer informatie: www.veltman-uitgevers.nl

inhoud

inleiding

Ik naai al sinds mijn vroege jeugd: een van de eerste herinneringen van mijn moeder aan mijn kindertijd was dat ik in het speldendoosje zat toen ik twee was. Mijn peetvader gaf me mijn eerste origamiboek toen ik tien was en mijn tante, die naailes gaf, stimuleerde me in allerlei soorten handwerk en handenarbeid, dus ik ben altijd met mijn handen bezig geweest. Met dertien besloot ik dat ik van textiel mijn beroep wilde maken en hoewel ik geen modeontwerpster ben geworden zoals de bedoeling was, ben ik altijd op zoek naar nieuwe ideeën en wil ik nog steeds meer leren.

Ik heb een opleiding in textiele werkvormen gevolgd aan de Winchester School of Art waar ik, na het ontdekken van en verslaafd raken aan quilts in 1983, lid ben geworden van het Quiltersgilde en later van het Borduurstersgilde. De invloed van origami herleefde in 1988 toen Gill Tanner een tentoonstelling in het Greens Mill Science Centre in Sneinton (een gerenoveerde windmolen in Nottinghamshire) organiseerde met het thema 'wind'. Mijn 'Origami winden'-werkstuk dat ik voor deze tentoonstelling heb gemaakt, was geïnspireerd op windmolentjes van kinderen.

In 1986 begon ik mijn eigen bedrijf, met de hulp van het Enterprise Allowanceprogramma. Ik maakte gordijnen, kussens en alles wat de mensen voor hun huizen wilden hebben. Toen ik trouwde, concentreerde ik me op quiltopdrachten en op het studeren voor een diploma om volwassenen les te geven. Terwijl mijn kinderen op de kleuterschool zaten begon ik te dromen over alle boeken die ik wilde schrijven, dus toen Marie naar me toe kwam op het eerste Quilt Festival vond ik dat geweldig. Bovenaan de lijst was een quiltboek gebaseerd op de principes van Fibonacci. Wiskundig georiënteerde lezers zullen opmerken dat er een Fibonaccicreatie in dit boek terecht is gekomen (een van de Draaien en Woelenkussens). Maar Marie was geïnteresseerd in mijn voorbeelden van ideeën over het werken met gevouwen stof en wilde een boek dat hierop gebaseerd was, dus toen vroeg ik Wendy om met me samen te werken.

Ik heb Wendy voor het eerst ontmoet toen ze voor het Londense Borduurstersgilde sprak en in 1999 nodigde ik haar uit om te spreken voor een groep die ik in Londen leid, de Around the Commons Textile Groep, omdat ik nieuwsgierig was geworden door haar papier-origamidemonstratie. Jarenlang was ik van plan geweest om lid te worden van de British Origami Society; dat deed ik uiteindelijk pas een paar maanden voordat we het contract voor dit boek tekenden. Op dat moment had ik nog maar één echte origamiquilt gemaakt!

Dit boek is voor mij erg hard werken geweest. Wendy heeft jarenlang gevouwen stoftechnieken geoefend, terwijl de mijne zich ontwikkeld hebben en tot bloei zijn gekomen in een erg snel leerproces. Maar ik heb erg genoten van het bedenken van deze nieuwe technieken en ik hoop dat u ook veel plezier hebt bij het ontdekken ervan.

En nu naar mijn Fibonacciboek... Vouw met plezier!

Louise Mabbs, Londen 2005

inleiding

Vele jaren geleden, toen ik leerde om Cathedral Window-patchwork te maken, herinnerde de handeling van het vouwen van de vierkantjes me aan het origamiwerk dat ik deed toen ik een kind was en ik dacht dat het mogelijk moest zijn om sommige van deze vouwtechnieken met stof te doen. Om te beginnen kocht ik enkele duidelijke, goed geïllustreerde boeken over origami die me leerden om origamidiagrammen te lezen en wat de namen waren van de verschillende manieren om te vouwen: bergen en dalen, geplette vouwen en bloembladvouwen bijvoorbeeld.

Omdat mijn doel was om driedimensionaal patchwork te maken, niet om modellen van vogels en dieren te maken, werd ik aangetrokken tot geometrische ontwerpen. Alle origamimodellen zijn geïllustreerd met een serie stap-voor-stapschema's die de vouwvolgorde laten zien en door hier heel precies naar te kijken, zag ik dat er midden in de serie heel interessante geometrische vormen waren gevormd. Ik kon tot dit punt gaan en dan de delen samenvoegen, en niemand zou kunnen raden dat ik halverwege een dinosaurus of een Chinese jonk was gekomen! Ik heb tijdenlang geoefend met stukjes papier voordat ik het met stof ging proberen. Mijn experimenten met ontwerpen zijn in schoenendozen te vinden en niet in schetsboeken!

In het begin keek ik alleen naar boeken die in het Engels geschreven waren maar na een poosje realiseerde ik me dat de symbolen in de diagrammen over de hele wereld hetzelfde waren, net als bij muziek, dus nu heb ik een aantal origamiboeken verzameld in verschillende talen. Als lid van origamiverenigingen in Engeland en Amerika heb ik een aantal internationale origamicongressen bijgewoond waar ik bevriend ben geraakt met vouwers uit de hele wereld.

Toen ik de kunst van het papiervouwen machtig was, richtte ik mijn aandacht weer op mijn echte liefde, het werken met stoffen. Natuurlijk heeft stof heel andere eigenschappen dan papier, zoals rafelende randen en de rek van de stof bij het vouwen van een diagonaal. De laatste veertien jaar heb ik ontdekt wat wel en wat niet van stof gevouwen kan worden. Soms is het verschil tussen papier en stof een voordeel en ik heb eenvoudiger manieren om te vouwen kunnen ontwikkelen dan die welke in origamiboeken getoond worden. Veel van mijn vouwvolgordes zijn ontwikkeld uit dezelfde eerste basisvouwen en verschillende worden in dit boek getoond.

Origami is een Japans woord, opgebouwd uit *ori*, 'vouwen', en *gami*, 'papier'. Op een dag ging ik een Japanse boekwinkel binnen en vroeg de verkoopster wat het Japanse woord was voor een lap of voor stof. Ze zei dat dat *nuno* was, dus ik zei: 'Ik maak orinuno'. Ze antwoordde: 'Dat bestaat niet!', maar ik zei: 'Nu wel!'

Wendy Lowes, Londen 2005

vouwpatchwork uit alle windstreken

Sinds de uitvinding van het weefgetouw ongeveer 4000 v.Chr. in Egypte, hebben mensen geweven stoffen op veel manieren gebruikt. Het duurde niet lang of men realiseerde zich dat door vouwen de stof sterker en warmer werd en dat men er ook decoraties mee kon maken. Archeologen hebben gevouwen en gevlochten stof gevonden in oude Egyptische graven. In de hele geschiedenis en ook heden ten dage nog worden op veel plaatsen op de wereld stukjes gevouwen stof samengevoegd tot een scala van patchwork voorwerpen. Moderne vormen van transport hebben het gemakkelijk gemaakt om overal te komen, waardoor steeds meer mensen textiel uit andere culturen zien en verzamelen.

Een van de meest wijdverbreide vouwtechnieken is het patchwork, waar vierkantjes of rechthoekjes stof gevouwen zijn tot driehoekjes die op een achtergrondstof genaaid worden in een overlappend patroon. Ze zijn soms piepklein, zoals in het werk van de stammen van de Lisuheuvels in Thailand.

Hetzelfde effect kan gemakkelijker worden bereikt door een stuk lint, bandje of rolletje in een serie driehoekjes te vouwen. Dit zijn muizentandjes, die in het Engels saw-toothed edging (zaagtandranden) of prairie points (prairiepunten) heten. In India ziet men veel vouwpatchwork met driehoekjes op de versierde banden voor dieren bij feestelijke gelegenheden. Dezelfde techniek werd in Rusland gebruikt rond het begin van de twintigste eeuw voor pannenlappen. Soms worden de driehoekjes nogmaals gevouwen om ze sterker te maken. In Belo Horizonte (Brazilië) wordt een grote versie gebruikt voor badmatten. De lange gevouwen driehoeken worden langs hun kortste kant op de achtergrondstof vastgenaaid, waarbij de lange punten vrij blijven. Het effect ziet eruit als veren als het klaar is.

Helemaal boven: Klein stukje van het werk van de stammen van de Lisuheuvels in Thailand. Collectie van Wendy Lowes.

Boven: Deel van vouwpatchwork versiering van een paardenriem. Kathiawar, India. Collectie van Wendy Lowes.

Links: Een Chinese ovenwant met verenpatchwork 'bont'. Collectie van Louise Mabbs.

In de 19e eeuw kwam deze techniek naar Groot-Brittannië en Amerika, waarschijnlijk doordat missionarissen over de hele wereld reisden. In Engeland heet het soms Somersetpatchwork en in Amerika Folded Star (gevouwen ster) patchwork, zie bladzijde 17.

Nog een oude techniek met gevouwen stof die over de wereld heeft gereisd is wat we in het Westen Cathedral Window (kerkraam) noemen. Deze techniek is in China al honderden jaren bekend. We weten niet precies hoe lang, want de techniek is generaties lang overgedragen van moeders op dochters, zonder schema's of geschreven instructies. In China heet het de Gelukkige Munt of Oude Munt en kan meestal gevonden worden op tasjes en babydraagzakken, als symbool van rijkdom en geluk. De naam is afkomstig van het overlappende patroon van de cirkels dat tijdens het maken ontstaat, die lijken op antieke Chinese munten die rond waren met een vierkant gat in het midden.

Boven links: Somersetpatchwork kussen, door Jean Martin.

Links: Baibabydraagtas. Het vierkante paneel in het midden is Cathedral Windowpatchwork met kraaltjes als versiering.
Collectie van Louise Mabbs.

Boven: Een voorbeeld van zeshoekig Cathedral Windowpatchwork, gemaakt door Wendy Lowes.

Links: Chinese draagdoek. Het middenvierkant lijkt een ouder stuk borduurwerk, maar de stof er omheen is een prachtig voorbeeld van de Chinese applicatiemethode van Gelukkige Munt- of Antieke Muntpatchwork. Collectie van Jenni Last.

Enkele prachtige zijden omslagdoeken (*Chogakpo Pojagi, Cintamani*) zijn in de negentiende eeuw in Korea gemaakt met dezelfde techniek.

De Chinezen hebben een snellere en minder stofverslindende manier ontwikkeld om hetzelfde effect te krijgen, door vierkantjes te vouwen en ze op een achtergrondstof te appliqueren, zoals te zien is op de draagdoek op bladzijde 12. Hoe dit gemaakt wordt, ziet u op bladzijde 16. Nog een manier om het overlappende cirkelpatroon te maken is door opgevulde cirkels van stof te maken en de randen over een vierkante vorm te vouwen. Dit is bekend als Japans vouwpatchwork, zie bladzijde 16 en 17.

In 1992 probeerde Wendy Lowes de Cathedral Windotechniek met gevouwen zeshoeken. In feite is het mogelijk met elke vorm waar een mozaïek van gelegd kan worden (tessellation). In de tachtiger en negentiger jaren begonnen enkele quilters in Groot-Brittannië te experimenteren met de gevouwen basisvierkanten van de Cathedral Window, zonder de gekleurde stukjes. Ze bevestigden de vierkanten aan elkaar en vouwden daarna de bovenliggende driehoekige flappen op verschillende manieren. Hierdoor ontstond een reliëfeffect zoals u kunt zien in Sheena Norquay's quilt hieronder, gemaakt in 1991. In de zeventiger en tachtiger jaren experimenteerden Wendy Whitfield, Louise Mabbs en Irene Ord onafhankelijk van elkaar met het knippen en terugvouwen van vierkanten binnen enkele lagen stof. Eveneens in de tachtiger jaren ontwikkelden Julie Richardson en Linda Kemshall de methode van het draaien van gevouwen stof, die u kunt zien op bladzijde 64. De welbekende Caryl Bryer Fallert maakte een serie van meer dan driehonderd magnifieke 'High Tech Tuck'quilts in de tachtiger en negentiger jaren met gebruikmaking van de methode van de gevouwen platte biezen die u op bladzijde 20 kunt zien.

In 1993 begon Wendy Lowes met haar stofvouw-experimenten, eerst met effen ongebleekte katoen en daarna in tweezijdig gekleurde vierkanten met decoratieve gezigzagde randen. De voorbeelden hieronder laten zien hoe verschillend twee werkstukken eruit kunnen zien, hoewel ze even groot zijn en op dezelfde manier gevouwen.

Sinds die tijd hebben ten minste twee quilters in Californië, ook onafhankelijk, Rebecca Wat en Mary Jo Hiney, origamitechnieken in hun werk gebruikt, maar op heel andere manier dan de creaties in dit boek. Het is spannend om te zien hoe steeds nieuwe vouwideeën ontwikkeld worden.

Boven: Deel van een quilt uit 1991 door Sheena Norquay. Met dank aan Sheena Norquay.

Boven rechts en rechts: Twee panelen door Wendy Lowes, op precies dezelfde manier gevouwen, maar heel verschillend door het gebruikte materiaal.

traditionele vouwtechnieken

◂ log cabin
methode: naaien op ondergrond
patroon: 'sunshine and shadow'

Door langs twee opvolgende zijden donkere kleuren te gebruiken en lichte aan de twee andere zijden, kunt u en quilt met fantastische optische illusies maken.
Uit het midden (Off-centre): maakt u met verschillende breedten van de stroken.
Willekeurige Log Cabin (Random): met deze techniek, maar willekeurige breedte van de stroken.
Crazy Log Cabin: gebruikt wigvormig stukken stof.
Ananas Log Cabin (Pineapple): stroken worden op de hoeken en evenwijdig aan de randen van de ondergrond genaaid. *Zie de instructies voor het naaien op ondergrond (paper piecing) op blz. 18.*

◂ log cabin
methode: achter elkaar aan naaien (chain piecing)
patroon: 'court house steps'

Door acht kleuren voor de stroken te gebruiken en zwart in het midden en verder de blokken om en om 90° te draaien, komen er prachtige regenbogen tevoorschijn. Stelt u zich voor dat dit zich in een hele quilt herhaalt!
Zie de instructies voor het achter elkaar aan naaien van een Log Cabin op blz. 18.

log cabin
methode: regelmatig met extra gevouwen stroken ▸

Hier worden zwarte gevouwen stroken van dezelfde breedte toegevoegd terwijl het naaiwerk steeds gedraaid wordt. De kleur verandert langzaam volgens de kleurencirkel en de gevouwen stroken zijn naar binnen gericht.

Zie de instructies voor Log Cabin met extra gevouwen stroken op blz. 19.

log cabin
methode: onregelmatig met extra gevouwen stroken ▸

In dit voorbeeld zijn gekleurde stroken van wisselende breedtes tussen zwarte stroken plooien en draaien gevoegd. De kleuren van de gevouwen stroken veranderen langzaam volgens de kleurencirkel en de stroken zijn naar buiten gericht.

Zie de instructies voor Log Cabin met extra gevouwen stroken op blz. 19.

cathedral window ▸

Bij de Cathedral Window vouwt u de vier hoeken van een vierkant stuk stof naar het midden en u herhaalt dat met de vier ontstane hoeken; deze rijgt u vast. Een aantal eenheden wordt langs de randen aan elkaar bevestigd door ze aan de achterkant vast te naaien (of aan de voorkant als u een reversibel werkstuk wilt hebben). Kleinere vierkanten gekleurde stof worden dan schuin over de naden heen gelegd, dat zijn de 'vensters'; daarna worden de diagonale gevouwen randen van het oorspronkelijke vierkant terugge-rold, zodat ze de rafelranden van de 'vensters' bedekken, en vastgezet met een overhandse steek of rijgsteek. Bij Secret Garden legt u nog een vierkantje stof onder de laatste gevouwen punten voordat u het bovenste vierkant vastzet.

◂ cathedral spire

Dit is eenvoudigweg Cathedral Window maar gebaseerd op een rechthoek in plaats van een vierkant. Vervormde Cathedral Window gebruikt blokken gebaseerd op vierkanten en op rechthoeken waardoor verbazingwekkende optische effecten worden verkregen. Zeshoekige vormen, eigenlijk alle vormen die aaneensluitende mozaïeken kunnen maken, kunnen gebruikt worden; u dient echter eerst te weten hoe de vorm waar u vanuit gaat getekend moet worden.

◂ chinese munt

Chinese applicatiemethode: Vierkantjes stof worden eenmaal met de punten naar het midden gevouwen, dan tegen elkaar aan vastgeregen op een achtergrondstof met een contrasterende kleur. Kleinere vierkantjes van andere kleuren worden bovenop de eerste vierkanten gelegd en daarna worden de gevouwen randen teruggerold en vastgenaaid op de achtergrondstof. Omdat de randen van de eerste vierkanten niet gezoomd worden, kan de plaats waar de vier hoeken bij elkaar komen er een beetje slordig uitzien. Dit kan bedekt worden met een cirkeltje van vilt of een andere klein rond voorwerp zoals een knoop of een wieltje.

Zie draagdoek op bladzijde 12.

◂ japans vouwpatchwork-methode: cirkel-en-vierkant

Bij deze techniek knipt u een vierkant van stof plus een cirkel in een contrasterende kleur, die aan alle kanten iets groter is dan het vierkant. Nadat u een zoom rondom de cirkel hebt gevouwen, legt u hem met de verkeerde kant boven, daarop een vierkant stukje vulling, dan het vierkantje stof met de goede kant boven. Beide stoffen liggen recht van draad op elkaar. De randen van de cirkel worden over het vierkant gespeld en vastgezet met een kleine quilt- of rijgsteek door alle lagen. De blokken worden aan elkaar gezet met de laddersteek of met de overhandse steek als de achterkant niet gezien hoeft te worden. Experimenteer eens met cirkels van schaakbord- of gestreept patchwork of met stof met een gedrukt patroon; zie de middelste schuine rij blokjes.

japans vouwpatchwork-methode: twee cirkels ▸

Maak een kartonnen mal op de maat van het vierkant dat u wilt maken. Knip twee cirkels in verschillende kleuren die iets groter zijn dan het vierkant. Naai de cirkels langs de rand aan elkaar en laat een kleine opening (recht van draad) om de cirkels te keren. Keer en naai de opening dicht en strijk. Vouw de zijden om rond de mal, zoveel mogelijk langs de draadrichting. Strijk de vouwen en verwijder de mal; naai de randen onzichtbaar of met een rijgsteek (illustratie) vast.

spaanse punten ▸

Hoewel ze vanouds schuin geknipt werden, is het economischer om ze recht van draad te knippen. Knip rechthoekige stukken stof en vouw met de verkeerde kant boven een naadtoeslag langs de onderste lange kant. Markeer het midden van de gevouwen kant en vouw eerst de ene hoek aan de onderkant naar boven en dan de andere, zodat ze overlappen en een gelijkzijdige driehoek ontstaat die naar beneden wijst. Speld een rij punten tegen elkaar aan en daarna in dezelfde rij punten er tussenin. Naai ze op hun plek en doe dan de volgende rij.

somerset- of verenpatchwork ▸

Neem een rechthoekje stof en vouw een naadtoeslag in langs de lange onderkant. Vouw de hoeken van de gevouwen rand naar het midden toe en vorm zo een driehoek met een spleet in het midden. Deze kunnen in ronde vormen vastgezet worden, zoals hier in Jean Martins kussen, maar ook ter versiering in naden meegestikt. U kunt ook beginnen met een vierkant dat doormidden gevouwen is, maar dat vraagt meer stof en wordt zwaarder; er is echter minder risico dat er rafelranden tevoorschijn komen.

basistechnieken

Alle blokken in dit hoofdstuk zijn afgewerkt 25 x 25 cm groot.

LOG CABIN: NAAIEN OP ONDERGROND PATROON: 'SUNSHINE AND SHADOW'

1 Begin met een stuk witte ondergrondstof van 25 x 25 cm. Vouw en strijk dit vierkant langs beide diagonalen. Leg een vierkantje zwarte stof van 6,5 x 6,5 cm in het midden en leg gekleurde strips van 4 cm breed klaar in de volgorde waarin u ze wilt naaien. Voor Sunshine and Shadow komen lichte kleuren aan de ene kant en donkere aan de andere kant.

2 Leg de eerste reep, verkeerde kant boven, op een kant van het zwarte vierkant. Stik met een korte steek en een 6 mm brede naadtoeslag.

3 Haal aan het eind het voetje omhoog en verschuif het blok zodat u de strook op lengte kunt knippen, evenwijdig aan de rand van het vierkant, en vouw hem om.

4 Leg de tweede reep langs het uiteinde van de eerste reep en langs de volgende zijkant van het vierkant. Stik tot het eind.

5 Naai lichte kleuren aan twee zijkanten en donkere aan de twee andere. Ga door tot de witte stof bedekt is.

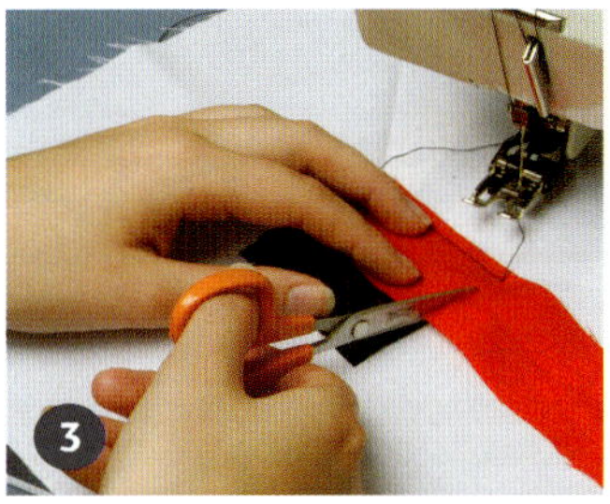

LOG CABIN: ACHTER ELKAAR AAN NAAIEN PATROON: COURTHOUSE STEPS

1 Knip vier vierkantjes zwarte stof van 4 x 4 cm. Knip twee 2,5 cm brede stroken van elke kleur die u wilt gebruiken. Leg de eerste strook onder de naaimachine, met de vier zwarte vierkantjes achter elkaar er bovenop.

2 Stik vast met een 6 mm brede naadtoeslag. Knip de strook aan het eind af. Herhaal met de tweede strook van dezelfde kleur aan de overliggende zijde van de vierkantjes.

3 Knip de delen los en strijk de naden open.

4 Leg de delen op de strook met de tweede kleur, goede kanten op elkaar. Stik de vier delen na elkaar zonder de draad af te knippen.

5 Knip de vier delen af en stik de andere kant van ieder deel aan de strook met de tweede kleur. Knip ze los en strijk open, stik dan de derde kleur en dan de vierde.

6 Draai twee blokjes 90° en naai ze aan elkaar; doe hetzelfde met de andere twee. Als u de paren aan elkaar

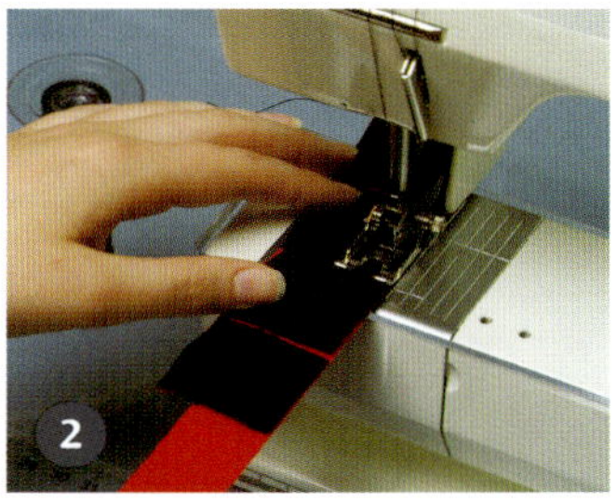

stikt, moeten alle acht kleuren op volgorde na elkaar komen in een ruitvorm. U ziet hiernaast één blok, maar u kunt de kleuren veranderen en de blokken anders aan elkaar zetten en zo andere effecten krijgen.

LOG CABIN: VOUWPATCHWORK

1 Knip de stroken tweemaal zo breed als de afgewerkte breedte, plus naadtoeslagen. Begin met een vierkant op een basisstof zoals bij het naaien van een log cabin op een ondergrond op bladzijde 18. Vouw de stroken doormidden en naai ze rondom het vierkant in het patroon dat u wilt. In dit voorbeeld ziet u het Sunshine and Shadowpatroon.

2 In dit voorbeeld verloopt de kleurenvolgorde van de stroken volgens een spiraal.

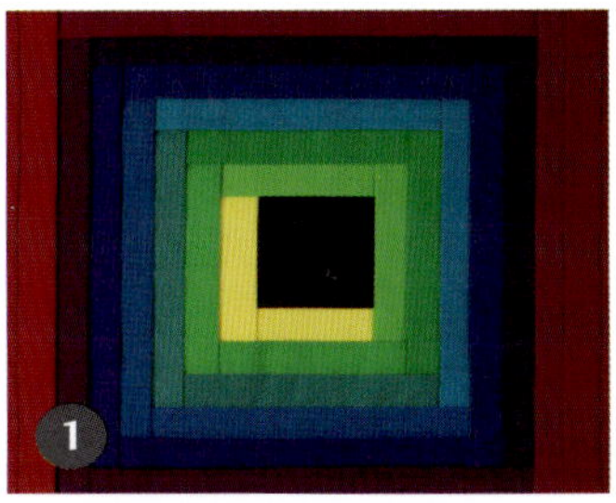

TIP

Achter elkaar aan naaien (chain piecing) is een heel snelle manier als u veel dezelfde onderdelen maakt.

LOG CABIN: METHODE MET MEEGESTIKTE BIEZEN

1 Voor zwarte achtergrond en smalle gekleurde biezen (piping) begint u met een zwart vierkantje van 6,5 x 6,5 cm. Vouw een 2,5 cm brede gekleurde strook doormidden en naai deze bies aan een kant met een naadtoeslag van 4,5 mm.

2 Naai een 4 cm brede zwarte strook vast met een 6 mm brede naadtoeslag. Draai 90° en naai nog een gekleurde bies vast.

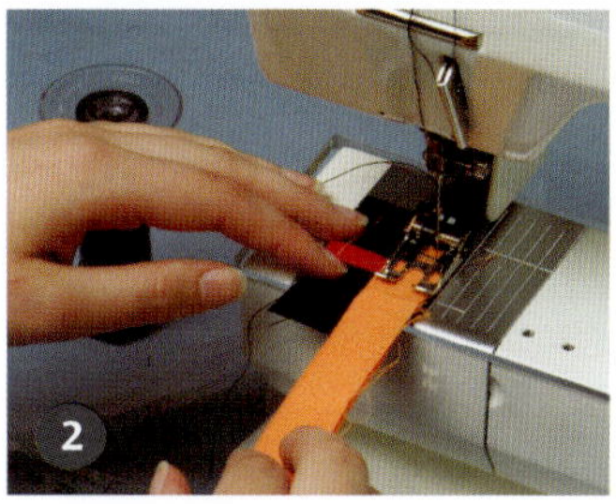

3 Naai de tweede zwarte strook vast. Op de foto is dit deel met de goede kant naar beneden op de strook gelegd. Dit maakt het gemakkelijker om te zien hoe ver u moet stikken.

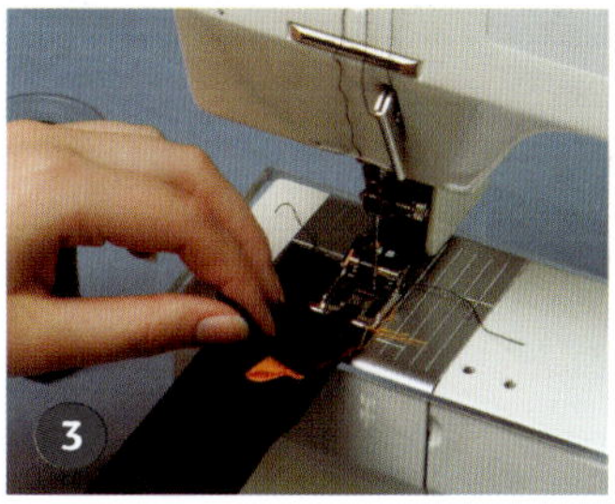

4 Ga door met biezen en stroken vast te naaien tot het blok 25 x 25 cm groot is. Let op dat u steeds in dezelfde richting draait (met de klok mee of er tegenin).

5 Het blok heeft nu een zwarte achtergrond met meegestikte gekleurde gevouwen biezen.

Mogelijkheden:
- bredere biezen
- gekleurde achtergrond en zwarte biezen
- de biezen naar binnen toe
- de biezen naar buiten toe
- biezen met wisselende breedte

PLATTE PLOOIEN: TRADITIONELE MANIER

1 Voor een zwarte achtergrond met gekleurde plooien knipt u stroken stof van 26,5 x 4 cm: negen gekleurde en tien zwarte.

2 Voor zwarte biezen met een gekleurde achtergrond knipt u stroken stof van 26,5 x 4 cm: tien gekleurde en negen zwarte.

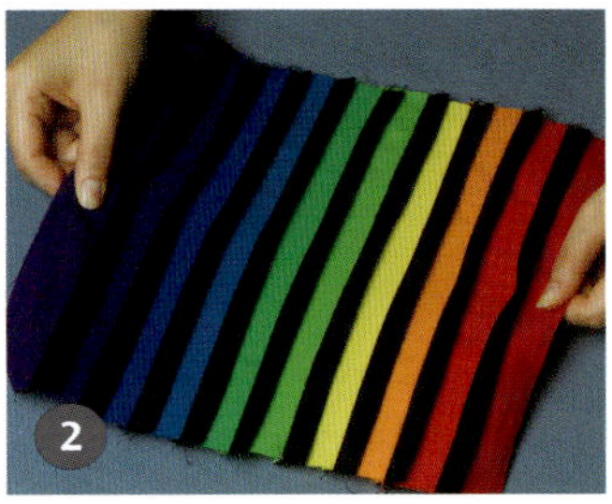

3 Naai een gevouwen bies aan elke achtergrondstrook met een naadtoeslag van 4,5 mm. Naai ze na elkaar (chain piecing) in de volgorde waarin ze uiteindelijk komen; er moet een achtergrondstrook overblijven.

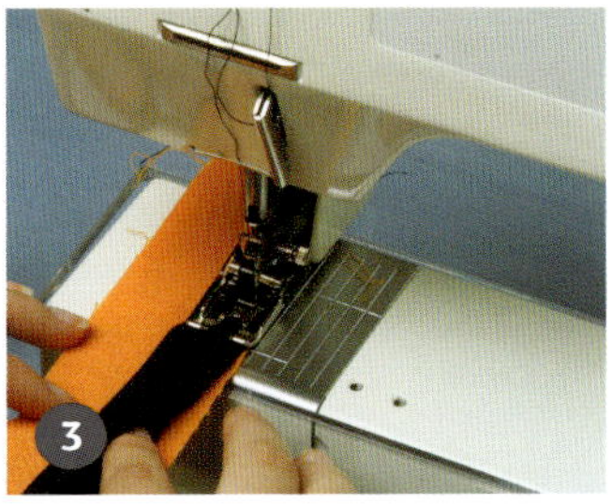

4 Knip de delen van elkaar. Neem de eerste twee stroken en naai ze met een naadtoeslag van 6 mm aan elkaar; naai daarna elk volgend paar aaneen. De foto toont de tweede strook zonder de bies.

5 Naai weer twee delen aaneen tot een groepje van vier. Naai alles aan elkaar tot een vierkant, inclusief de laatste achtergrondstrook.

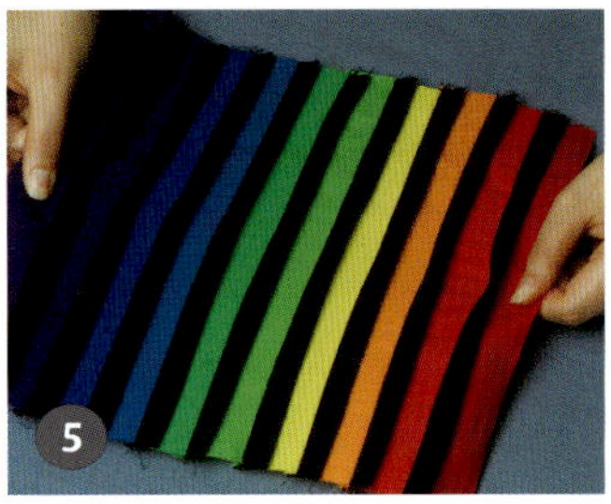

PLATTE PLOOIEN: LOUISES MANIER

1 Dit is een uitstekende manier om een heleboel losse overgebleven stroken van allerlei kleuren op te maken. De foto toont een voorbeeld met ongelijke breedten van zowel achtergrondstof als plooien.

2 Naai heel veel stroken van 26,5 cm lang aan elkaar met een naadtoeslag van 4,5 mm, afwisselend zwart en felle kleuren.

3 Als u het platte stuk stof hebt, kunt u beslissen waar de plooien zullen komen: in de zwarte of in de gekleurde stroken.

4 Als u weet of u zwarte of gekleurde plooien wilt hebben, naait u twee aangrenzende naden op elkaar, met een 6 mm naad.

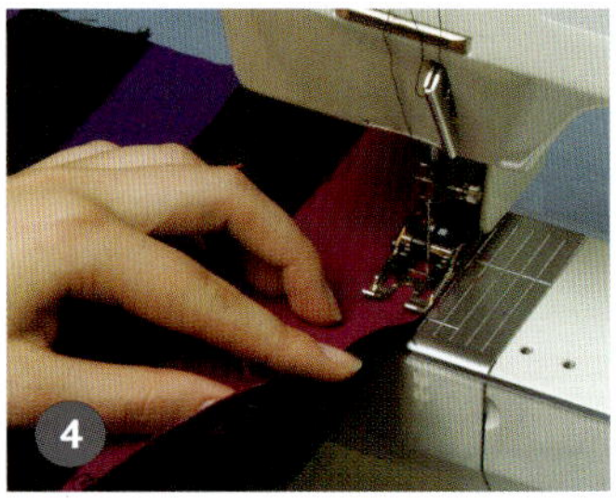

TIP

Zie het boek van Caryl Bryer Fallert, A Spectrum of Quilts 1983-1995, met fantastische quilts in de traditionele techniek.

VERVORMING

U kunt op de naad vouwen, of de volgorde van de plooien halverwege een paneel veranderen. U kunt dan de meegestikte biezen vervormen op velerlei manieren.

Detail van gedraaide plooien op het Draaien en Woelenkussen; zie bladzijde 90.

GOLFPLOOIEN

Strijk alle naden dezelfde kant op. Naai alle vouwen plat aan beide randen van het blok (net binnen de naadtoeslag) in de richting waarin ze liggen. Markeer een lijn op de helft van het blok, die een hoek van 90° maakt met de plooien. Stik langs deze lijn, ook in de richting waarin de plooien liggen. Markeer lijnen halverwege de drie gestikte lijnen. Draai iedere plooi en de naden eronder in de tegenovergestelde richting en stik langs de nieuwe lijnen, zodat ze in deze richting worden vastgezet. Zo krijgt u een serie golven met de plooien die afwisselend de ene of de andere kant op liggen.

GEDRAAIDE PLOOIEN

Strijk alle naden dezelfde kant op. Naai de vouwen langs een zijde van het blok (net binnen de naadtoeslag) in de richting waarin ze liggen. Vouw het andere eind van de plooien de andere kant op zodat ze in het midden een draai krijgen en stik dan vast.

voorbereiding voor wendy's basis

Hoewel dit boek gaat over het vouwen van stof, raad ik u aan om eerst de vouwtechnieken met papier te oefenen. Het is belangrijk dat u werkt met perfecte vierkanten, dus koop een pak origamipapier of knip vierkanten van goedkoop tekenpapier. Hiertoe scheurt u het bovenste blad af en legt het loodrecht op het volgende langs de rechterkant, waarbij de linkerbovenhoeken precies op elkaar liggen. Leg een metalen liniaal langs de rechterkant en snijd met een hobbymes. Zo kunt u een aantal vellen tegelijk snijden. U kunt de smalle stroken die overblijven, gebruiken bij de telefoon of voor boodschappenlijstjes. Voor sommige experimenten is het de moeite waard steken of een gekleurde lijn aan beide zijden langs de rand van het papier te tekenen, omdat de buitenrand van het vierkant na het vouwen een ingewikkeld patroon in het midden kan gaan vormen.

Als u begint stoffen te gebruiken, zult u merken dat sommige gemakkelijker te vouwen zijn dan andere. Verreweg de beste stof is 100% zuivere katoen, omdat deze niet erg rafelt en de vouwen goed blijven zitten. Voor kleine vierkantjes is fijne katoen nodig, zoals batist, organdie en fijn geweven quiltstoffen. Voor grotere vierkanten kunt u dikkere stof gebruiken, zoals stevige katoen, denim, zwaardere quiltstoffen of gesteven linnen. Voor zeer scherpe vouwen en voor 3D-effecten kunt u stijfsel uit een spuitbus gebruiken bij het strijken van de vouwen.

Andere soorten dunne stof, zoals polykatoen, kunnen ook gebruikt worden als ze met vliesofix tegen elkaar geplakt worden, omdat de vliesofix de stof enigszins verstevigt en rafelen voorkomt. Dit is ook de perfecte manier om tweezijdige stof te krijgen met een verschillende kleur aan beide zijden. Bij veel origamipatronen zijn beide zijden van het papier te zien. Twee dikke stoffen die op elkaar geplakt zijn, worden wat te dik om goed te kunnen vouwen, maar u kunt een dikkere stof plakken op een zeer dunne. Zelfs chiffon zal de kleur aan een kant veranderen.

EEN DUBBELZIJDIG VIERKANT STUK STOF MAKEN

1 Knip eerst een vierkant van vliesofix; dit moet iets groter zijn dan viermaal de grootte van het blok als het klaar is (tweemaal de lengte en tweemaal de breedte). Leg dit vierkant met het plaksel naar beneden op een van de stoffen, met de randen zoveel mogelijk recht van draad, en strijk het vast.

2 Verwijder het papier. Gooi het niet weg, omdat u dit kunt gebruiken om te experimenteren met het vouwen van semitransparant materiaal.

3 Strijk dit vierkant op de stof met de andere kleur, en houd weer de draadrichting aan.

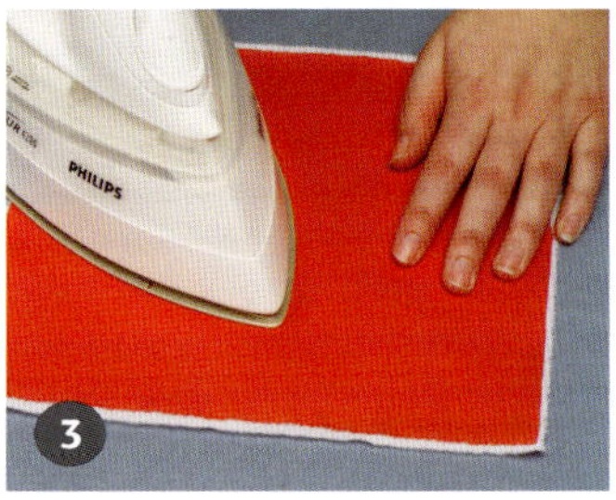

4 De gemakkelijkste manier om een perfect vierkant te knippen is het gebruik van een vierkante plastic mal van de maat die u nodig hebt. Als de mal erg glad is, kunt u plakkertjes van schuurpapier aan de achterkant plakken om te voorkomen dat hij op de stof wegglijdt.

TIP

- U kunt ook uw eigen mal maken uit een stuk dikke karton. Gebruik voor het tekenen een hoekliniaal om zeker te weten dat de hoeken recht zijn en de zijden even lang, of meet het nauwkeurig na met een liniaal.

- Snijd het karton met een hobbymesje langs een metalen liniaal, maar snijd precies op de lijnen en houd het mes rechtop en niet scheef, omdat u geen schuine randen wilt hebben.

5 Wat u ook als mal gebruikt, leg hem in het midden van de dubbele stof en snijd met een rolmes om het vierkant heen.

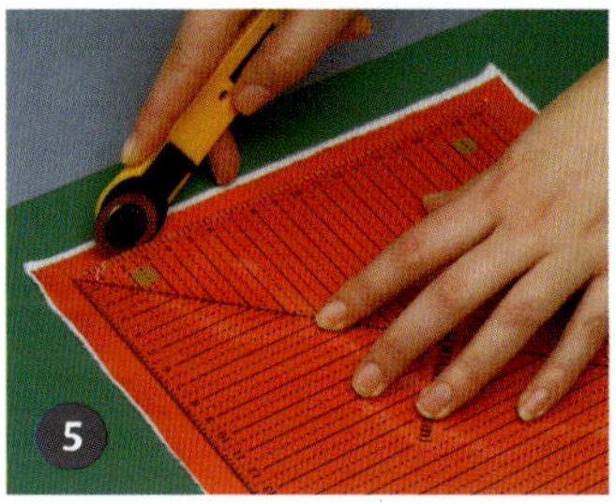

6 Als de rand deel uitmaakt van het patroon, stik dan een aaneengesloten zigzagrand er helemaal omheen met een sierdraad.

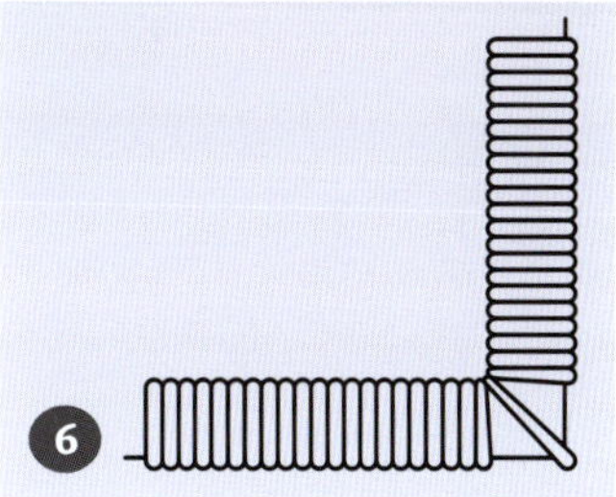

Begin niet in een hoek, maar halverwege een zijde, dus als u rond bent gegaan, kunt u nog 6 mm over het begin stikken en dan de draden afknippen. Als u de eerste hoek nadert, gaat u langzamer en u stopt met de naald in de stof één steekbreedte vanaf de hoek. Haal het voetje omhoog en draai de stof de halve hoek. Voetje naar beneden, één steek over de hoek, en als de naald terugkomt, geeft u de stof een klein rukje zodat de naald op dezelfde plek terugkomt als de vorige steek. Voetje omhoog; maak de draai af, voetje omlaag en ga verder langs de volgende zijde. Herhaal bij alle hoeken.

wendy's basis

Dit is een oude origamibasis; in origamiboeken heet hij soms windmolenbasis en soms bootbasis. Door in de laatste veertien jaar veel te proberen, heb ik de beste manier ontwikkeld om hem van stof te vouwen.

1 Vind het midden van het vierkant door de tegenoverliggende hoeken op elkaar te leggen en de diagonale vouwen te strijken. Als u deze vouwen later niet wilt zien, kunt u alleen het kleine stukje in het midden strijken waar de lijnen elkaar snijden.

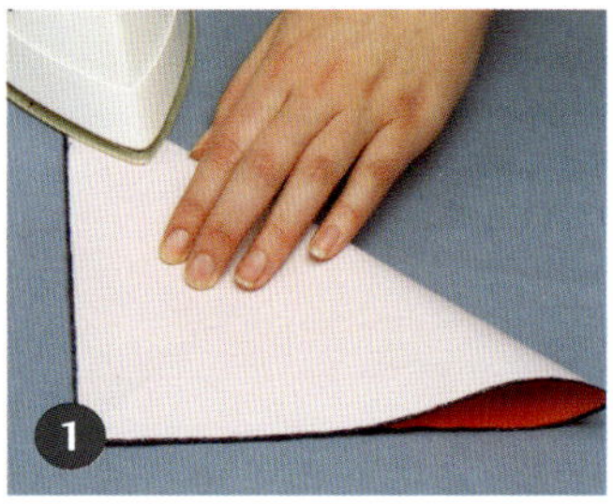

2 Vouw de hoeken naar het midden. In origamitermen heet dit een blintzvouw. Met stof kunt u het beste twee naastliggende hoeken naar het midden vouwen en alleen de helft van elk kant strijken tot aan de punt.

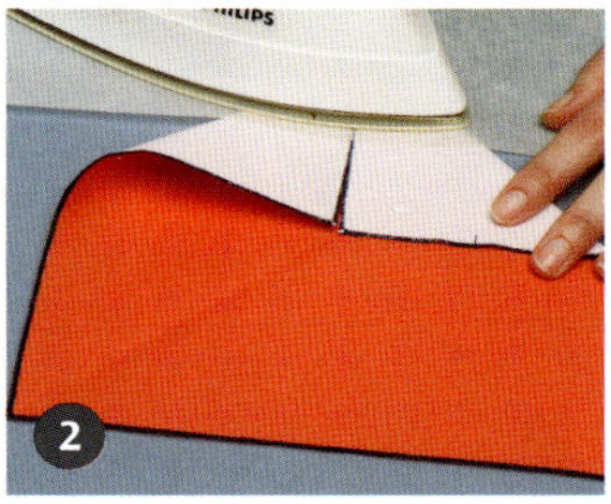

3 Neem een hoek en de volgende samen en zo verder tot u de laatste en de eerste samen heeft, en maak zo het strijken van elke kant af.

4 Vouw weer open en DRAAI HET VIERKANT OM. Vouw de vier zijkanten naar het midden, een voor een. Leg de vorige vouw weer open voordat u aan de volgende begint. Om zeker te weten dat deze vouw recht is, kijkt u of de punten waar de blintzvouwen bij elkaar komen op een lijn liggen met het midden.

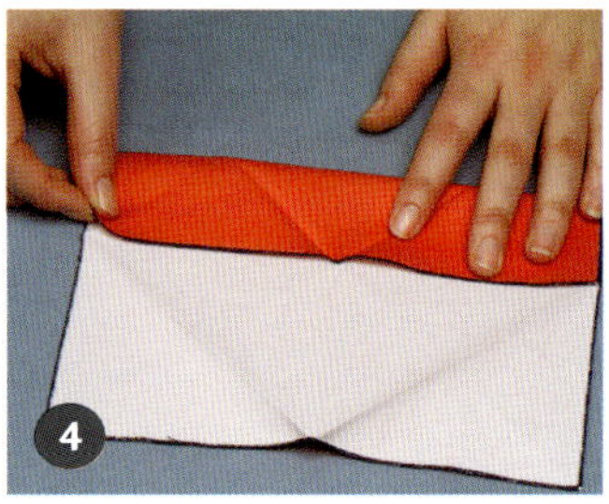

5 Als u deze vouw strijkt, doe dat dan voorzichtig in drie delen, zodat u de blintzvouwen aan de andere kant niet glad strijkt. Dit is uw voorvouwpatroon.

6 Met duim en wijsvinger van elke hand haalt u het midden van elke zijkant omhoog en beweegt ze naar het midden. Het hele vierkant zal in elkaar zakken.

7 Strijk de hoeken plat. Misschien moet u de buitenhoeken iets scherper maken door ze met uw vingers een beetje aan te knijpen.

8 Als u de bovenste flappen optilt, ziet u de andere flappen eronder. De twee stellen flappen kunnen op talloze manieren gevouwen en vervormd worden; enkele ervan worden in dit boek beschreven. Als u dit vierkant omdraait, ziet u dat de achterkant een net, effen vierkant is met gevouwen randen, dat net als traditioneel patchwork aan andere vierkanten genaaid kan worden. Wat u ook maakt met deze aan elkaar gezette vierkanten, zal altijd een ingebouwde voering hebben.

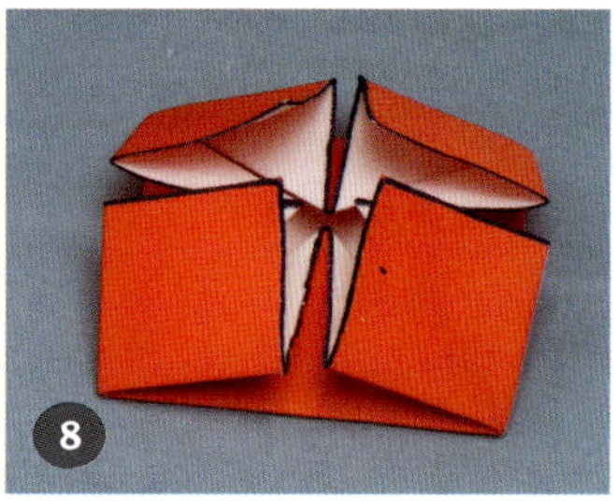

TIP

- Als u stof vouwt die met vliesofix geplakt is, is het aan te raden te strijken met een stuk bakpapier tussen de stof en het strijkijzer. Hierdoor wordt voorkomen dat plaksel op het strijkijzer komt en misschien op een andere stof een plakkerige zwarte vlek achterlaat.

- Er zijn talloze manieren om de twee stel flappen van Wendy's basis te vouwen en te vervormen, dus u kunt ermee experimenteren en uw eigen variaties vinden.

positief negatief

Eens ben ik uitgenodigd om mijn origamitechnieken in stof te demonstreren op een Homemaker's Event (huisvrouwenbeurs) in een van de warenhuizen van Oxford Street in Londen. Ik dacht dat het wel toepasselijk was om stoffen te gebruiken die ook in het huis toegepast konden worden. Terwijl ik wat gordijnstalen bekeek, zag ik dat veel van de tweekleurenpatronen zodanig geweven waren, dat de achterkant het negatief was van de voorkant, waardoor op elke kant een andere kleur overheerste. Dit zou ideaal zijn, dacht ik, om enkele origamikussens te maken die bij de gordijnen passen. Dus denk hier de volgende keer aan als u nieuwe gordijnen gaat uitzoeken. Bij de volgende methode worden de allereenvoudigste manieren gebruikt om de twee lagen flappen van Wendy's basis te vouwen.

Creatie van Wendy Lowes (oorspronkelijke titel: *Positive Negative*) *Afmeting: 45 x 45 cm*

BENODIGDHEDEN:

- ❖ 180 cm van 140 cm brede dubbelzijdige stof, zoals dubbelzijdige bekledingsstof
- ❖ Bijpassend garen voor de randen en om de blokken aan elkaar te zetten

VULLING:

- ❖ Kussen van 45 x 45 cm

KLEURENSCHEMA

U kunt de blokken ook om en om neerleggen; zo ontstaat een schaakbordeffect met de verschillende blokken.

methode ▸

1 Knip negen vierkanten van 30 x 30 cm en negen van 11 x 11 cm met een van de knipmethoden die beschreven zijn op bladzijde 22-23. Als er een duidelijk patroon is, probeer dan dat gelijkmatig in elk vierkant te verdelen.

2 Stik met de machine een aaneengesloten zigzagsteek rond de randen van de grote vierkanten (zie bladzijde 23).

3 Vouw de grote vierkanten volgens Wendy's basis (zie bladzijde 24). Vouw vijf vierkanten met de donkere kleur aan de buitenkant en vier vierkanten met de lichte kleur aan de buitenkant.

4 Strijk de vouwen met een strijkijzer en vouw ze weer open. De vouwen moeten duidelijk te zien zijn.

5 Vouw de hoeken in tot waar de vouwlijnen elkaar snijden.

6 Leg een van de kleinere vierkanten in het midden, met de tegenovergestelde kleur boven.

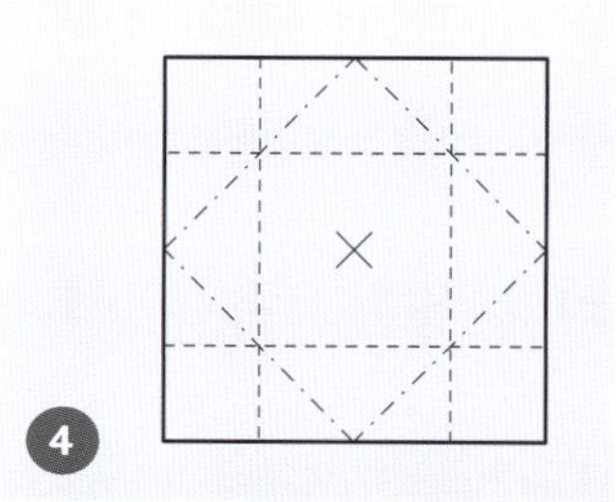

TIP

De kleur die u boven ziet als u begint te vouwen in stap 3, zal uiteindelijk aan de buitenkant komen.

7 Vouw opnieuw op de basisvouwen.

8 Strijk de binnenste flappen terug tot ongeveer 1,5 cm vanaf de buitenste vouwen. Naai met enkele steken vast om de hoeken van deze binnendriehoeken vast te zetten, waardoor ook het kleine ingelegde vierkant op zijn plaats gehouden wordt.

9 Verbind om en om lichte en donkere blokken met elkaar, met kleine overhandse steken aan de achterkant. Zo krijgt u een schaakbordpatroon.

10 Knip voor de achterkant van het kussen twee stukken stof, een van 15 x 45 cm en een van 44,5 x 45 cm.

11 Leg de zelfkanten ongeveer 2,5 cm naar binnen en strijk.

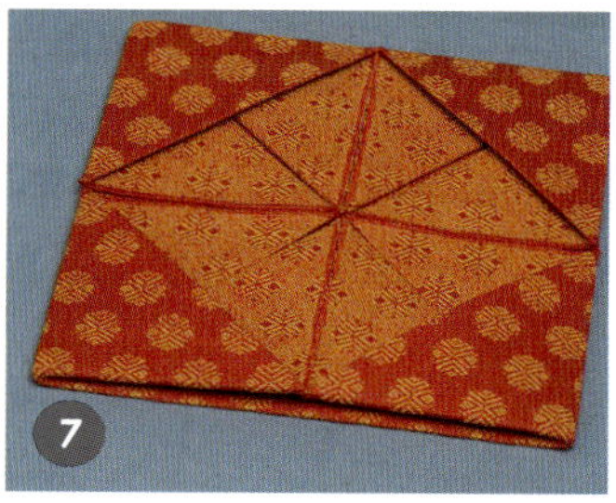

Door de vouwen ontstaat een prachtig spel van licht en donker over het driedimensionale oppervlak van het kussen.

12 Leg de omgevouwen randen van de twee delen 6,5 cm over elkaar, met het kleinere deel aan de goede kant eronder. Speld aan de zijkanten vast. Maak de knipkanten netjes met een zigzagsteek, waardoor tevens de overlappende randen aan de zijkanten bij elkaar gehouden worden.

13 Leg deze twee overlappende delen met de goede kant onder op de voorkant van het kussen.

14 Draai om en strijk de randen aan alle kanten zodat de achterkant precies even groot is als de voorkant.

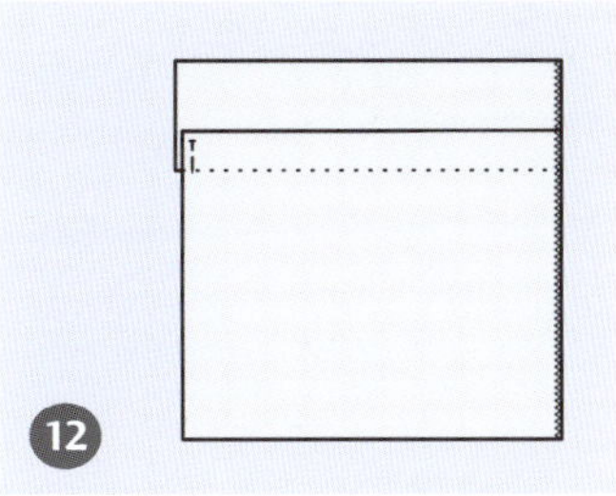

TIP

- Als u de opening aan de achterkant van het kussen te wijd vindt, kunt u voor een betere sluiting enkele drukkers of klittenband erop naaien.

15 Vouw de hoeken met een hoek van 45° en naai ze in verstek.

16 Vouw beide zijkanten volgens de tekening naar binnen.

17 Stik langs de schuine lijn.

18 Speld de voor- en achterkant samen met de goede kanten op elkaar. Naai aan elkaar met kleine overhandse steekjes langs de hele buitenrand.

19 Keer het overtrek met de goede kant naar buiten. Doe het vulkussen erin.

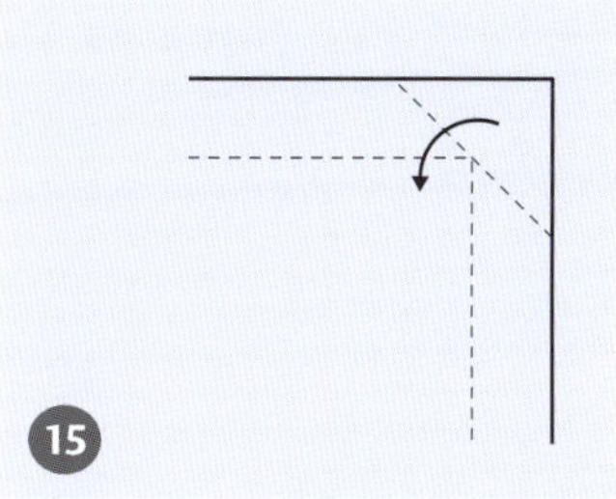

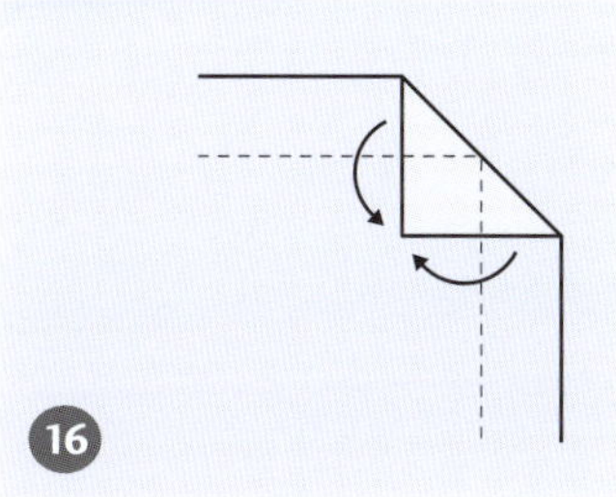

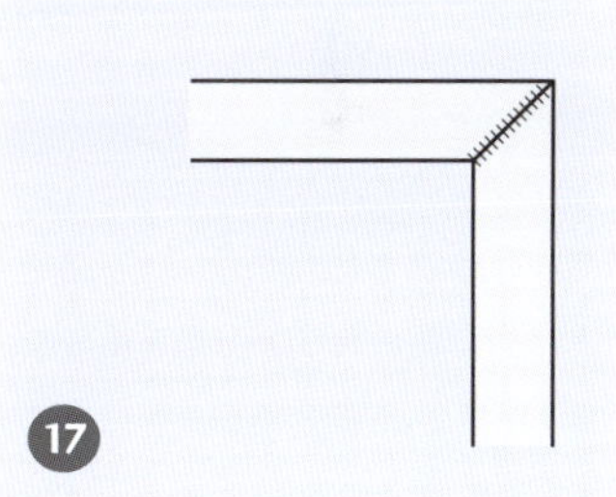

het patroon ontvouwt zich

Tijdens het spelen met mijn computer ontdekte ik interessante patronen in Clipart. Ik drukte enkele van de eenvoudigste geometrische zwart-witmotieven af als vierkanten van 15 x 15 cm. Nadat ik ze had uitgeknipt, ben ik ze op verschillende manieren gaan vouwen en ik raakte enthousiast doordat ik zag hoeveel verschillende patronen zich begonnen te vormen. Toen er een aantal aaneen werd gelegd zoals bij patchwork, kwamen er nog meer patronen tevoorschijn. Ik bracht de patronen over met zeefdruk en drukte ze vijfentwintig keer op witte katoen.

De vijfentwintig blokken voor dit wandkleed waren oorspronkelijk bestemd voor een kussen, maar toen ze op tafel uitgelegd werden om aan elkaar te gaan zetten, zagen ze er veel interessanter uit als ze nog niet helemaal vastgenaaid waren. Ik besloot er een ruitvormig wandkleed van te maken, waarbij de blokken aan de buitenrand bovenaan helemaal aan elkaar genaaid worden; bij elke rij daarna zitten enkele flapjes niet vast. De drie blokken in de onderste hoek zijn voor de helft genaaid, zodat bijna alle flapjes uitgevouwen zijn en het oorspronkelijke op stof gedrukte patroon te zien is.

Creatie van Wendy Lowes (oorspronkelijke titel: *The pattern unfolds*) *Afmeting: 52,5 x 57,5 cm*

BENODIGDHEDEN:

- ❖ 90 cm 115 cm brede fijne witte katoen, vooraf gewassen
- ❖ Freezer paper, hobbymes en liniaal om sjablonen te snijden
- ❖ Bakpapier
- ❖ Zwarte permanente stofverf en sponsje
- ❖ Wit en zwart naaigaren om de blokken aan elkaar te zetten
- ❖ Twee dunne roetjes om het wandkleed op te hangen

INDELING BLOKKEN

Blok 1 is helemaal gevouwen en vastgezet.
Blok 2 heeft 1 ongevouwen flap.
Blok 3 heeft 2 ongevouwen flappen.
Blok 4 heeft 3 ongevouwen flappen.
Blok 5 is niet gevouwen.

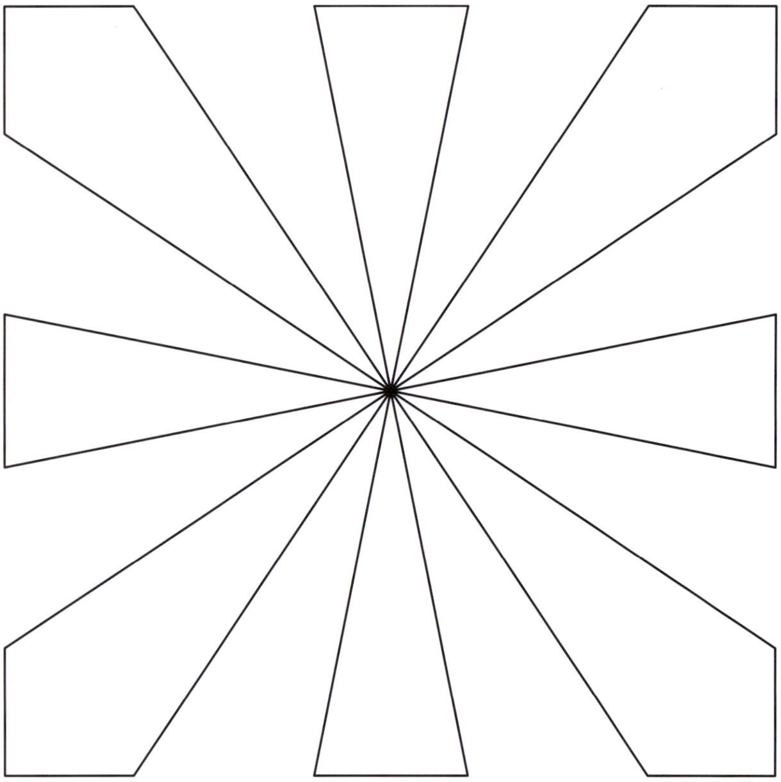

methode ▸

1 Vergroot de mal hierboven tot 150%, tot 15 x 15 cm. Snijd een vierkant van freezer paper van 16,5 x 16,5 cm en trek de mal over. Snijd de vormen uit met een hobbymesje en een liniaal. Knip of snijd van de witte katoen 25 vierkanten van 16,5 x 16,5 cm.

2 Strijk het uitgeknipte sjabloon op een van de stofvierkanten. Leg het op een stuk bakpapier en tape de randen om het op zijn plek te houden. Doe rubber handschoenen aan om uw handen te beschermen en doop het sponsje in de zwarte stofverf en dep de uitgeknipte stukken.

3 Als de verf droog is, verwijdert u het sjabloon en fixeert de verf volgens de voorschriften van de fabrikant.

4 Strijk met een heet strijkijzer een randje van 6 mm naar achteren. U hebt nu een bedrukt vierkant van 15 x 15 cm.

5 Vouw het vierkant (met gebruik van het strijkijzer) volgens Wendy's basis (zie bladzijde 24). Begin de blintzvouwen met de bedrukte kant naar beneden, waardoor het in elkaar gezakte vierkant de naar achteren gevouwen rand bovenop heeft. Herhaal met de andere 24 vierkanten.

6 Vouw de bovenste flappen naar de buitenste hoeken.

7 Vouw de vier binnenste flapjes naar achteren zodat de punten ongeveer 6 mm van de buitenste rand komen. Naai ze vast met twee of drie steken.

8 Herhaal met negen vierkanten, zodat er tien blokken zijn met alle flappen gevouwen en vastgenaaid.

9 Vouw bij zes van de blokken drie van de binnenste flappen naar achteren en naai ze vast.

10 Vouw bij drie van de blokken twee van de binnenste flappen naar achteren en naai ze vast.

11 Vouw bij twee van de blokken een van de binnenste flappen naar achteren en naai hem vast.

12 Maak de blokken aan elkaar vast met de laddersteek volgens het schema op bladzijde 30. Laat het onderste blok nu nog even weg. Let op dat u beide naar achteren gevouwen randen samen naait. Gebruik zwart garen bij zwarte stof en wit garen bij witte stof.

De blokken in de bovenste V-vorm hebben nu alle vier de binnenste flappen naar achteren gevouwen. Naai de bovenflappen aan de buitenrand vast aan de ingevouwen rand eronder.

Het bovenste blok in de tweede V-vormige rij is helemaal vastgenaaid. De drie blokken aan elke kant hebben één losse binnenflap.

In de derde V-vormige rij zijn de twee naastliggende

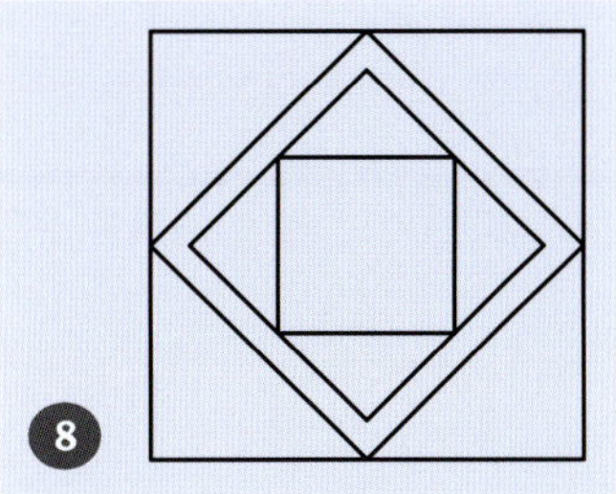

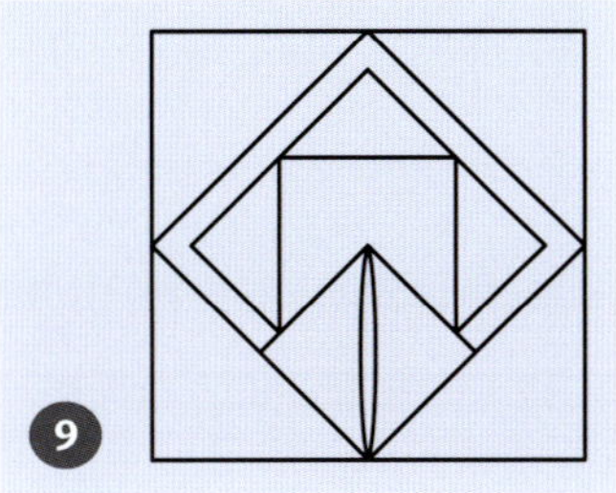

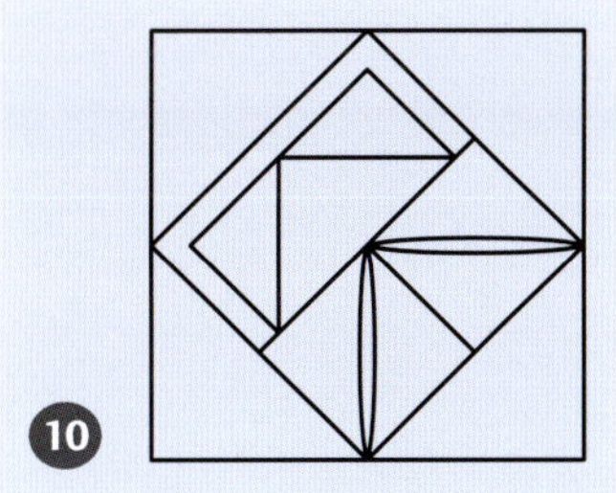

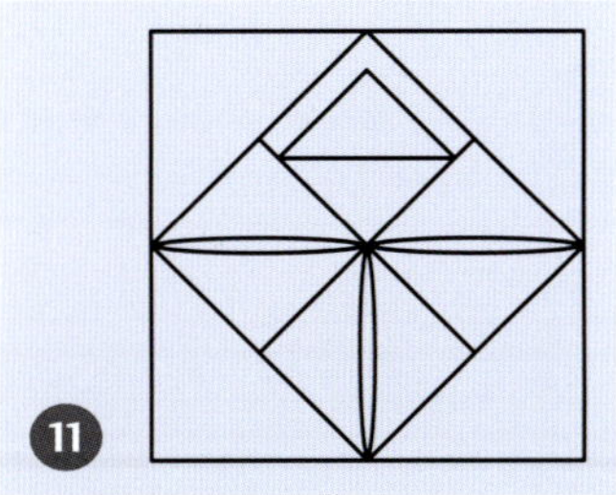

binnenflappen los bij het bovenste blok en bij de blokken aan elke kant. De buitenste blokken aan elke kant hebben drie losse binnenflappen.

Op de vierde rij heeft het bovenste blok vier losse binnenflappen. Het andere blok aan elke kant wordt alleen aan de bovenste twee zijden vastgemaakt.

Het onderste blok wordt niet gevouwen. Het past in de laatste ruimte; de beide bovenzijden worden genaaid aan een van de ongevouwen zijden van de vorige rij.

13 Maak aan de achterkant van het wandkleed lusjes van wit band en steek daar twee dunne roetjes doorheen, een waar het kleed het breedst is en een ongeveer 10 cm vanaf de bovenkant. Maak een ophanglus van ijzerdraad of stevig garen vast aan het bovenste roetje.

TIP

- Als u met stofverf werkt, bescherm de tafel dan met vellen plastic en uw handen met rubberhandschoenen.

- Het onderste blok heeft een losse, naar achteren gevouwen rand; plak hier een stuk strijkkatoen tegenaan.

De gedrukte vormen veranderen, afhankelijk van de vouwen in de stof, waardoor nog ingewikkelder patronen ontstaan.

denim windmolens

Dit is een prima creatie om te maken als u kinderen hebt die graag op de grond zitten! Denim is populair bij jonge mensen en het is een ideale stof voor origamitechnieken omdat het aan de achterkant een andere kleur heeft. Het is ook slijtvast en wasbaar.

Door de vouwmethode die in deze creatie gebruikt is, worden de rafelranden van de vierkanten verborgen. Heel praktisch voor een vloerkussen, dat vaak gewassen moet worden. De randen zijn ook tegen rafelen beschermd bij het ruige gebruik in een gezin.

Creatie van Wendy Lowes (oorspronkelijke titel: *Denim Windmills*) *Afmeting: 60 x 60 cm*

BENODIGDHEDEN:

- ❖ 247,5 cm denim, 115 cm breed, geknipt in:
  16 vierkanten van 30 x 30 cm
  1 stuk stof van 20 x 61,5 cm
  1 stuk stof van 57,5 x 61,5 cm
- ❖ Bijpassend garen om vierkanten aan elkaar te naaien
- ❖ Dikker garen om door te stikken
- ❖ 16 knopen voor het midden van de blokken

VULLING:

- ❖ Kussen van 60 x 60 cm

KLEURENSCHEMA

De twee kleuren zijn afkomstig van de voor- en achterkant van de denim. Dit is een eenvoudige creatie om te naaien, omdat alle blokken hetzelfde zijn.

methode ▸

1 Vouw elk vierkant tot Wendy's basis (zie bladzijde 24) zodat de donkere kleur aan de buitenkant te zien is.

2 Vouw de vier bovenste flappen helemaal tot aan de hoek. U ziet nu alleen de lichte kleur.

3 Strijk en druk flink op het strijkijzer, liefst een stoomstrijkijzer.

4 Vouw open. Vouw dan de hoeken van de flappen tot aan het midden van de vouwlijnen die u net gemaakt hebt.

5 Vouw dan de eerste vouw met de gevouwen hoeken naar onderen.

6 Nu ziet u bij de hoeken donkere punten.

7 Til een van de flappen aan de zijkant op.

8 Vouw naar achteren naar het midden van de diagonaal.

9 Strijk de ondergevouwen flap plat.

10 Herhaal met de andere zeven zijflappen.

11 Er zijn nog steeds kleine rafelrandjes zichtbaar in het midden. Om deze te verbergen vouwt u ze naar achteren vanuit het midden van het vierkant naar de rand van de eerste vouw bij alle acht zijflappen.

12 Stik de randen door zoals in de tekening aangegeven.

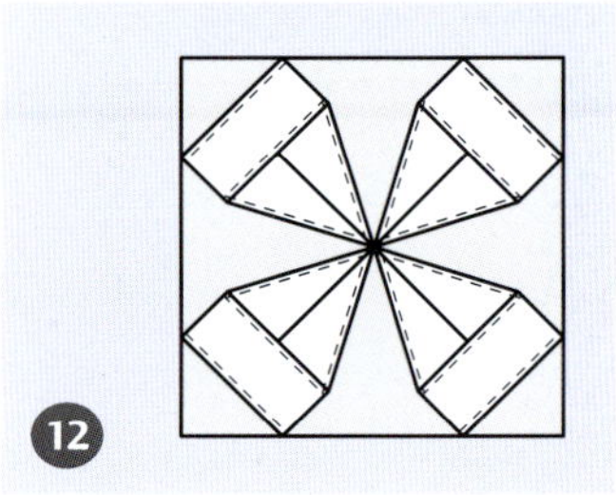

13 Waarschijnlijk zijn er nog een paar rafeltjes in het midden van het vierkant, waar de punten bij elkaar komen. U kunt hier een knoop op naaien om ze te verbergen.

14 Naai de blokken aan elkaar in vier rijen van vier. Gebruik een overhandse steek aan de achterkant, maar let op dat alle naden aan de voorkant dicht zijn.

15 Maak de achterkant van het kussen zoals beschreven bij het Positief-negatiefkussen, stappen 10-17, op bladzijde 28 en 29.

Detail van het kussen, waarop de windmolen en de knoop in het midden van het vierkant te zien zijn.

TIP

- Als u een nog groter vloerkussen wilt maken, koop dan genoeg denim voor 25 vierkanten plus 90 cm voor de achterkant.

- Als het denim dat u gebruikt erg rafelt, bewerk de randen dan met een antirafelmiddel.

- U hebt een zeer scherpe naald en een vingerhoed nodig.

raadselachtige variaties

Dit is een sampler van 90 x 90 cm met verschillende vouwvariaties op een basismodule, die ik een Bloemenwiel genoemd heb. Het is een heel oude Japanse origamimodule, die gewoonlijk deel uitmaakt van een kusudama, een zeszijdige decoratieve bal. In zijn boek over kusudama's noemt Makoto Yamaguchi het een diamant, ik veronderstel omdat het lijkt op de facetten van een geslepen diamant. In haar boek over hetzelfde onderwerp noemt Tomoko Fuse het een chrysant. Ik heb het een Bloemenwiel genoemd omdat de randen met de aaneengesloten zigzagsteek, als ze gevouwen zijn, eruit zien als de spaken van een wiel in het midden van een achthoek van driehoekige bloemblaadjes. Bij deze quilt ziet u ook dat er heel interessante vormen ontstaan als vierkante stukken stof over de naden tussen de gevouwen blokken worden gelegd, ondergestopt onder de toplaag van vouwen. Bij een gewone platte quilt zouden deze vormen heel ingewikkeld zijn om te knippen en te naaien.

Creatie van Wendy Lowes (oorspronkelijke titel: *Enigma Variations*) *Afmeting: 90 x 90 cm*

BENODIGDHEDEN:

HOEVEELHEDEN GEBASEERD OP 115 CM BREDE KATOEN

- 2292,5 cm wit, geknipt in 69 vierkanten van 20 x 20 cm
- 180 cm donkeroranje, geknipt in 41 vierkanten van 20 x 20 cm
- 135 cm lichtoranje, geknipt in 28 vierkanten van 20 x 20 cm
- 169 cm turkoois, geknipt in:
  12 vierkanten van 14 x 14 cm
  24 vierkanten van 11,5 x 11,5 cm
  96 vierkanten van 7 x 7 cm
- 34 cm marineblauw, geknipt in 41 vierkanten van 7 x 7 cm
- 1395 cm vliesofix van 45 cm breed, geknipt in 69 vierkanten van 20 x 20 cm en 120 vierkanten van 7 x 7 cm
- Ongeveer 30 x 40 cm lichtgewicht vulling, geknipt in 12 vierkanten van 9,5 x 9,5 cm
- Bijpassend garen om de vierkanten aan elkaar te zetten
- Marineblauw garen om de randen van een zigzagrand te voorzien
- Turkooizen garen om te quilten

KLEURENSCHEMA

Middelste vierkant: donkeroranje met wit.
Rij 1: afwisselend lichtoranje met wit/blauwe vierkanten
Rij 2: afwisselend donkeroranje met wit/blauwe vierkanten
Binnenrand: lichtoranje/wit met afwisselende buitenkleur
Buitenrand: donkeroranje/wit
Bij alle vierkanten zijn turkooizen stukken stof gelegd over de naden en onder de vouwen.

methode ▸

MIDDENSTUK:

1 Strijk met behulp van de grootste vierkanten van de vliesofix de 41 donkeroranje vierkanten evenals de 28 lichtoranje vierkanten tegen witte vierkanten (zie bladzijde 22).

2 Stik met marineblauw garen een aaneengesloten zigzagsteek rond alle randen van de vierkanten, zie bladzijde 23.

3 Neem voor de basis bloemenwielblokken negen donkeroranje/witte vierkanten en vier lichtoranje/witte vierkanten en vouw volgens Wendy's basis (zie bladzijde 24) met het oranje buiten.

4 Vouw de dubbele randen van de flappen naar de diagonalen, zodat de punten in het midden bij elkaar komen. Speld vast.

5 Maak deze dubbele randen open met uw vingertoppen en duw het brede stuk van de vouw plat tot een kleine driehoekvorm.

6 Strijk goed plat. Als de acht flappen geopend zijn, komt de bloemenwielvorm tevoorschijn.

7 Naai met een onzichtbare steek de open randen van de 'spaken' van de vier lichtoranje/witte blokken aan elkaar, met hetzelfde marineblauwe garen als de randen,

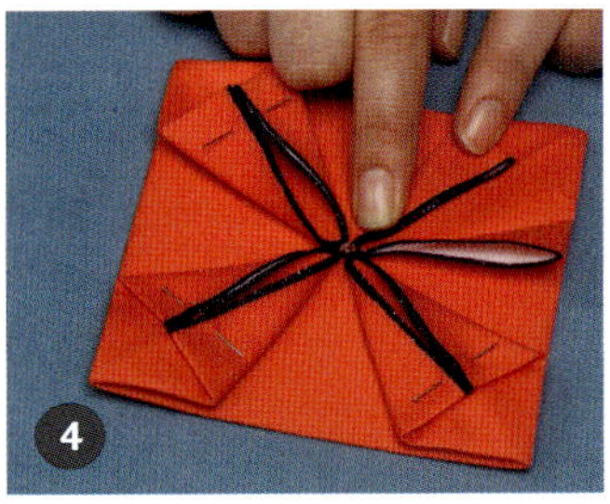

TIP

- Alle gevouwen vierkanten in deze creatie zijn van geplakte dubbelzijdige stof.
- Gebruik een stoomstrijkijzer om de vouwen te strijken; hierdoor worden de vouwen scherper.

NAAI NIET AAN DE ONDERLAAG VAST; later worden de turkooizen stukjes hieronder geschoven.

8 Gebruik de 24 vierkanten van 11,5 x 11,5 cm en maak hier 12 vierkante zakjes van zoals op bladzijde 72, stap 1-6 is uitgelegd. Voordat u de opening afsluit, steekt u er een vierkante vulling van 9,5 x 9,5 cm in, met afgeknipte hoekjes.

9 Begin het midden de quilt op te bouwen, waarbij u de vierkanten met de laddersteek verbindt in vijf rijen van vijf blokken, volgens het kleurenschema op bladzijde 38. Zo ziet het er aan de achterkant uit.

10 Zo ziet het er aan de voorkant uit.

11 Neem 24 van de vierkanten vliesofix van 7 x 7 cm en knip ze diagonaal in tweeën tot 48 driehoeken. Strijk een driehoekig stuk vliesofix op elke hoek van alle 12 vierkanten van 14 x 14 cm turkoois en haal het papier er voorzichtig af.

12 Knip een stukje van de hoeken af.

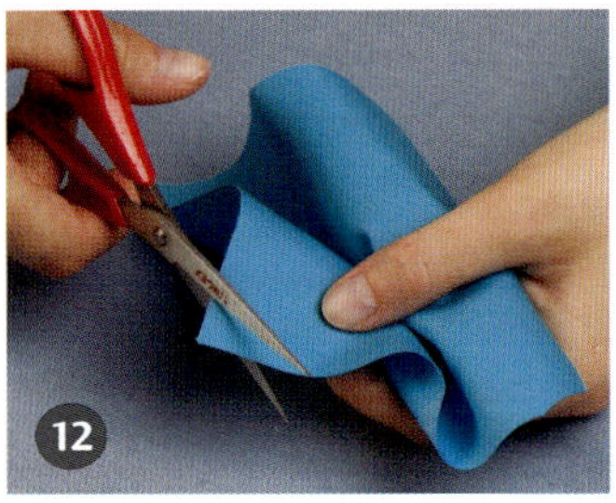

13 Leg deze vierkanten (met de plakkant naar beneden) schuin op de punt over de turkooizen zakjesvierkanten en stop de plakhoeken onder de vouwen van de naastgelegen blokken.

14 Strijk de hoeken om ze vast te plakken. Met een ministrijkijzer voor quilters gaat dit gemakkelijker.

15 Dit is de leuke achtpuntige ster die nu gevormd is.

16 Markeer met de punt van een breinaald en een liniaal lijnen over de stervorm. Naai met een quiltnaald en bijpassend garen kleine rijgsteekjes langs de gemarkeerde lijnen. Quilt voorlopig alleen de vier sterren in het midden.

Als alle sterstukjes op hun plek zitten, steken de punten met lijm erachter nog uit de buitenrand, wachtend op de volgende rij blokken.

Voor de duidelijkheid laten de volgende foto's alleen zien hoe de losse blokken verder bewerkt worden, niet in de quilt.

17 Open bij elk van de negen donkeroranje/witte blokken alle vouwen, leg een marineblauw vierkant van 7 x 7 cm in het midden en maak de vouwen opnieuw.

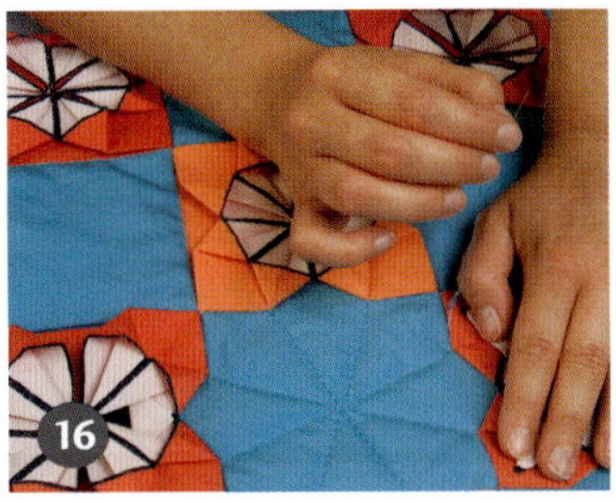

18 Vouw de bovenste vier flappen zover mogelijk naar achteren en speld vast.

19 Vouw de punten van de vier binnenflappen naar de rand van de witte cirkel toe. Speld vast. Nadat de turkooizen delen ingeschoven zijn (zie bladzijde 42, stap 9) kunt u de flappen vastnaaien met marineblauw garen.

20 Zet alleen in het middelste vierkant de punten van de bovenste vier flappen met enkele steekjes vast zoals ze in stap 18 gevouwen zijn.

21 Haal bij de andere acht donkeroranje/witte blokken de spelden uit de bovenste vier flappen en leg ze weer terug.

Naai de marineblauwe open randen vast met bijpassend garen met een onzichtbare steek en houd de vier punten bijeen met een kruissteek in het midden.

22 Gebruik bij alle dertien blokken die nu klaar zijn, bijpassend licht- of donkeroranje garen en zet daarmee de topjes van elk driehoekige bloemblaadje vast, nadat de blauwe stukjes tussen de blokken zijn geschoven.

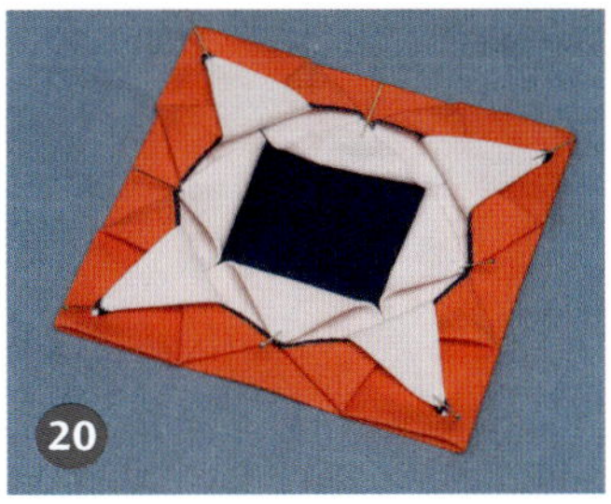

BINNENSTE RAND

1 Neem de 24 overgebleven lichtoranje/witte vierkanten en vouw ze volgens Wendy's basis; twaalf met oranje aan de buitenkant en twaalf met wit aan de buitenkant.

2 Vouw bij elk van de bovenste flappen de dubbele randen aan de rechterkant naar de diagonale vouwlijnen met de punten in het midden. Open de brede kanten met uw vingertop en plet de vouw tot kleine driehoekjes, zoals eerder. Strijk stevig.

3 Vouw de dubbele randen aan de linkerkant van de flappen vanaf de buitenhoeken van het vierkant, zodat de brede uiteinden de flappen aan de linkerkant overlappen.

4 Til op en plet deze vouw met behulp van een smal puntig voorwerp tot langere, smallere driehoeken.

5 De kleine witte driehoekjes aan de brede uiteinden liggen nu netjes tussen de flappen aan de rechterkant.

6 Bevestig de punten in het midden met een kruissteekje.

7 Maak de blokken om en om in vier rijen aan elkaar vast met de laddersteek volgens het schema op bladzijde 38.

8 De rest van de blokken kan nu gequilt worden zoals in stap 16 op bladzijde 41.

9 Neem 36 van de turkooizen vierkanten van 7 x 7 cm en strijk er vliesofix achter. Haal het papier eraf en knip twee tegenoverliggende hoekjes af. Strijk twaalf van de blauwe vierkantjes, op de punt, tussen de nieuwe rijen gevouwen blokken aan de buitenrand van het middenvierkant en schuif de bijgeknipte hoekjes onder de vouwen. Strijk op dezelfde manier 24 blauwe vierkantjes tussen de witte en de licht oranje blokken. Hierdoor krijgt u interessante bliksemschichtvormen tussen de blokken.

BUITENSTE RAND:

1 Neem de overgebleven 32 donkeroranje/witte vierkanten en vouw ze volgens Wendy's basis, allen met donkeroranje aan de buitenkant.

2 Open de vouwen en leg er marineblauwe vierkantjes in zoals in stap 17 op bladzijde 41 en vouw de blokken opnieuw.

TIP

Als u kleine vierkantjes nodig hebt waar vliesofix achter moet komen, kunt u eerst vliesofix achter een groter stuk stof strijken, een raster van vierkanten op het papier tekenen en ze dan pas uitknippen.

3 Vouw de dubbele randen van de flappen naar de diagonale vouwlijnen, zodat de punten wijzen naar de buitenhoeken. Strijk goed plat.

4 Houd bij elke hoek de randen van de gevouwen flappen bij elkaar, terwijl u het kleine driehoekje bij het midden van het vierkant terugvouwt, waardoor het wit te zien is. Speld de driehoek op zijn plek.

5 Gebruik de laddersteek om de gevouwen blokken in vier rijen aan elkaar te naaien: twee rijen van negen blokken en twee rijen van zeven blokken. Naai de rijen van zeven blokken aan overliggende zijden van het voltooide deel van de quilt, naai dan de rijen van negen blokken aan de andere twee kanten vast.

6 Neem 60 van de turkooizen vierkanten van 7 x 7 cm en strijk er vliesofix achter. Haal het papier eraf en knip twee tegenoverliggende hoekjes van elk vierkant af. Strijk ze op de punt over de naden tussen de blokken, terwijl u de bijgeknipte hoekjes onder de vouwen aan beide kanten schuift. Tweeëndertig stukjes gaan tussen de blokken van de buitenrand en 28 gaan tussen de blokken van de buitenrand en de binnenrand.

TIP

Soms als ik het bloemenwielblok aan cursisten uitleg, vouwt iemand per ongeluk de randen van de flappen naar de diagonale lijnen met de punten aan de buitenhoeken in plaats van bij het midden. Ik zeg altijd dat het geen fout is, maar een variatie! Deze variatie is geschikt voor de rijen in de buitenrand van de quilt.

7 Vouw bij elk blok van de buitenrand twee van de tegenoverliggende binnenflappen in dezelfde richting als de richting van de rij.

8 Naai de punten met hechtsteekjes vast. Hierdoor komt er een marineblauwe vlindervorm in het midden te zien.

9 Vouw alleen bij de vier hoekblokken aan de buitenrand alle binnenflappen terug en zet ze vast, waardoor marineblauwe vierkanten ontstaan.

10 Naai met een onzichtbare steekjes de marineblauwe randen aan elkaar tussen de 'vleugels', waarbij u beide uiteinden van de naad door alle lagen heen vastzet. De quilt is nu klaar.

fantastisch licht

Nadat ik vliesofix achter vierkanten stof had geplakt in enkele eerdere creaties, haalde ik het papier eraf maar ik gooide het niet weg. Hier waren enkele vierkanten van semitransparant papier dat uitnodigde tot experimenteren met vouwen en ik ontdekte dat als men deze gevouwen vierkanten tegen het licht houdt, de lagen eronder te zien zijn als andere nuances. Natuurlijk wilde ik ditzelfde effect met gevouwen stof bereiken en ik vond dat zuivere katoenen organdie hiervoor perfect was omdat het erg goed gevouwen kan worden en de vouwen er goed in blijven zitten, zelfs zonder strijkijzer. Synthetische organza werkt niet op dezelfde manier, want het is te glad.

Dit wandkleed was eigenlijk een experiment, maar een grotere variant kunt u gebruiken als gordijn. Als u het tegen een donkere achtergrond houdt, geeft dat weer een heel ander effect. Organdie is verkrijgbaar in zwart, wit en diverse pastelkleuren. Ik heb crème gebruikt.

Creatie van Wendy Lowes (oorspronkelijke titel: *Light Fantastic*) *Afmeting: 50 x 50 cm*

BENODIGDHEDEN:

- 68 cm van 115 cm brede katoenen organdie, geknipt in 25 vierkanten van 20 x 20 cm
- Goudkleurig metallic borduurgaren voor de naaimachine om de randen te bewerken
- Kleurloos nylon garen om de delen aan elkaar te naaien
- 2 x 50 cm dunne perspex roetjes om mee op te hangen

BLOKKENSCHEMA

De blokken worden in rijen van vijf aaneen gezet door alle naar achteren gevouwen hoeken aan elkaar vast te naaien.

methode ▸

1 Stik met het goudkleurige garen een aaneengesloten zigzagsteek rond alle zijranden van de organdie vierkanten, zie bladzijde 23.

2 Vouw alle vierkanten volgens Wendy's basis, zie bladzijde 24.

3 Ga door met vouwen zodat het bloemenwiel ontstaat, zie bladzijde 40 stap 4-6.

4 Naai met hetzelfde gouddraad als de randen de open randen bij alle 'spaken' met onzichtbare steekjes aaneen. Doe dit het eerst bij de onderste flappen, daarna bij de bovenste flappen en zet ten slotte de punten samen vast met een kruissteek.

5 Vouw de hoeken van de gevouwen vierkanten naar achteren, tussen de buitenste punten van de driehoekige bloemblaadjes. Hierdoor ontstaat een achthoek.

6 Naai de blokken aaneen in rijen van vijf door ze op de hoeken vast te zetten met onzichtbaar nylon garen.

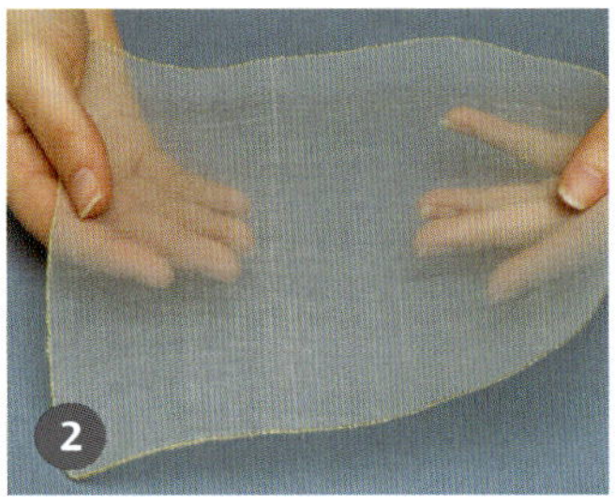

7 Naai aan de buitenranden de gevouwen hoeken aan de achterkant van de blokken vast met enkele steekjes.

8 Schuif boven- en onderaan een dun perspex roetje door de rij van naar achteren gevouwen hoeken.

9 Bind een kort stukje dik nylon garen of dunne vislijn aan het bovenste roetje om de creatie op te hangen.

TIP

- Andere transparante stoffen kunnen ook voor deze creatie gebruikt worden, mits ze stevig genoeg zijn, zodat een scherpe vouw blijft zitten.

- Synthetische stoffen zijn meestal te glad om in zulke nauwkeurige geometrische vormen te vouwen.

- Probeer eens andere gevouwen geometrische vormen met transparant papier om uw eigen variaties te bedenken.

- De kleur van de randen moet contrasteren met de stof, omdat de rand een ingewikkeld patroon vormt na het vouwen van het vierkant.

Als dit blok gemaakt wordt van doorzichtige organdie, ziet het er heel anders uit tegen een donkere of een lichte achtergrond.

Onder heldere verlichting glinstert het gouddraad, waardoor de vorm binnen het gevouwen blok te zien is.

oosterse belofte

In de inleiding aan het begin van dit boek heb ik verteld dat origamimodellen van vogels, dieren of vissen vaak onafhankelijk gebruikt kunnen worden en gezien kunnen worden als geometrische vormen. Het basisblok voor dit wandkleed is hier een perfect voorbeeld van. Op een keer heb ik, om een groepje kinderen leuk bezig te houden, enkele origamimaanvissen van stof gemaakt. Toen ik met deze vormen aan het spelen was, vond ik het effect leuk als ik twee maanvissen combineerde met de ruggen naar elkaar. Het wandkleed dat hieruit voortkwam is ook geïnspireerd op de kleuren en de geometrische vormen van islamitische kunst.

Creatie van Wendy Lowes (oorspronkelijke titel: *Eastern Promise*) *Afmeting: 30,5 x 56,5 cm*

BENODIGDHEDEN

- 68 cm 105 cm brede donkerblauwe zijde, geknipt in 22 vierkanten van 15 x 15 cm
- 68 cm 105 cm brede middelblauwe zijde, geknipt in 22 vierkanten van 15 x 15 cm
- 180 cm 30 cm brede vliesofix, geknipt in 22 vierkanten van 15 x 15 cm
- Metallic garen voor het versieren van het oppervlak, en voor randen en kwastjes

KLEURENSCHEMA

Zoek twee kleuren zijde uit die goed bij elkaar passen. Bij elk blok zullen de twee kleuren te zien zijn, waardoor secundaire patronen ontstaan binnen de zeshoekige vorm.

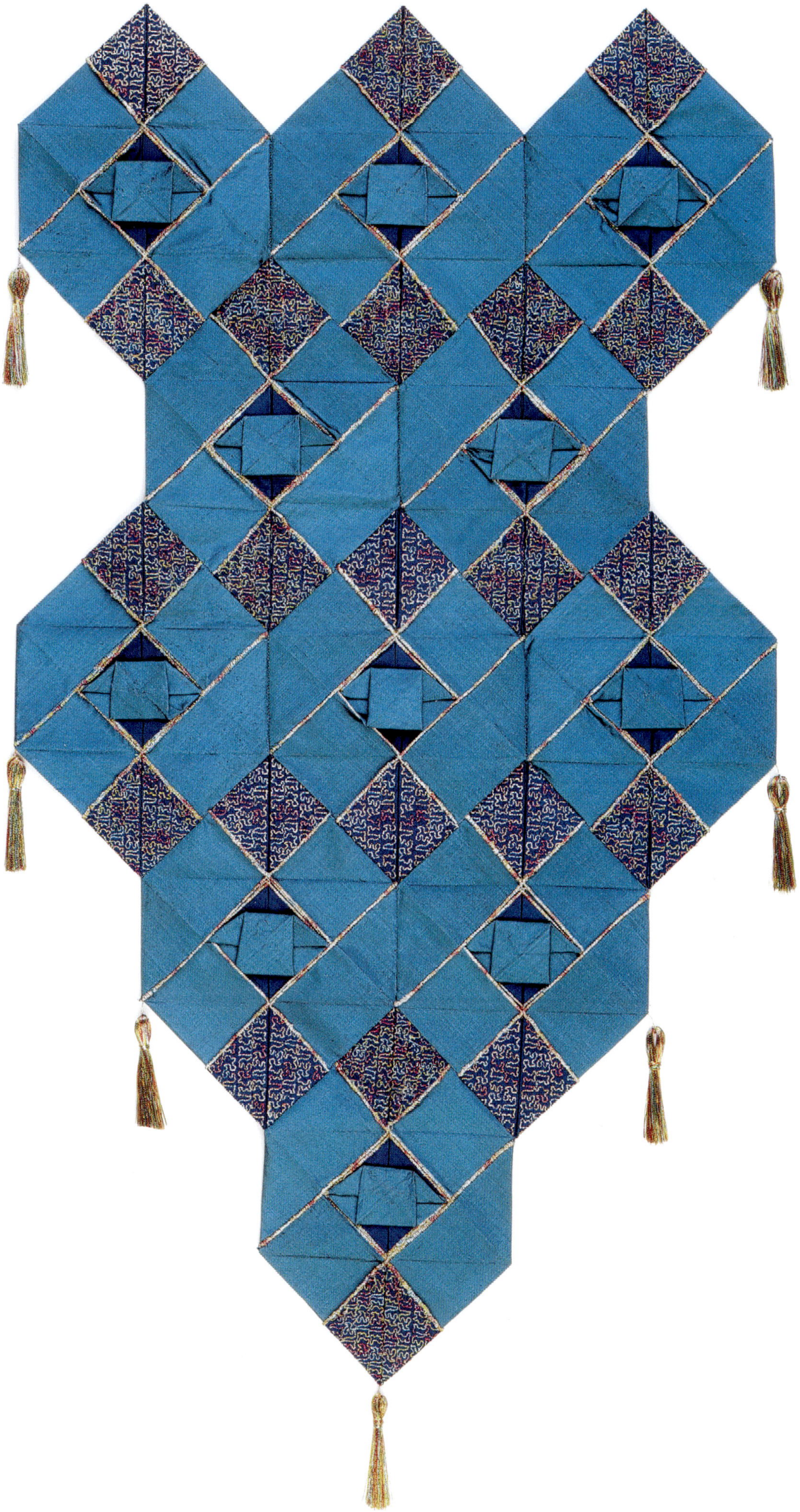

methode ▸

1 Neem een vierkant van middelblauwe en een van donkerblauwe zijde en plak ze met de verkeerde kanten tegen elkaar aan, op de manier van bladzijde 22. Doe dit ook met de andere vierkanten; u hebt dan 22 vierkanten dubbelzijdige zijde.

2 Stik met het metallic garen een aaneengesloten zigzagsteek rond de zijranden van elk vierkant, zie bladzijde 23.

3 Leg de vouwen volgens Wendy's basis met de lichte kleur aan de buitenkant.

4 Vouw weer open en borduur met de naaimachine een versiering op een van de hoeken, vanaf de vouwlijn tot halverwege de punt.

5 Vouw de geborduurde hoek terug naar de achterkant.

6 Vouw nu het vierkant weer in. Begin met de twee zijden naast de gevouwen, geborduurde hoek.

7 Vouw de hoek diagonaal aan de overkant tot aan de vouwlijnen.

8 Vouw nu de twee zijden naar binnen naast de kleine gevouwen hoek.

9 Leg de twee overige hoeken naar beneden en leg ze naast de kleine gevouwen hoek, als vleugels, in plaats van ze plat te maken. Hiermee is een blok klaar.

10 Maak met het metallic garen een kruissteekje in het midden van het blok om alle punten bij elkaar te houden.

11 Neem twee blokken en schuif ze in elkaar, met de linker vleugel van de ene in de rechtervleugel van de andere.

12 Gebruik hetzelfde metallic garen om de gezigzagde randen vast te naaien waar de vleugels over elkaar liggen, zodat de twee blokken bij elkaar blijven. Als u ook aan de achterkant naait, met garen in de kleur van de zijde, zal dat de stabiliteit vergroten.

13 Zet het hoekje in het midden van de voorkant rechtop. Doe de wijsvinger van elke hand in de twee zijden van de gevouwen hoek.

14 Plet het midden van het blok tot een iets verhoogd vierkantje.

15 Deze blokken kunnen nu aan elkaar genaaid worden met de laddersteek of met een overhandse steek aan de achterkant. U kunt ze aan elkaar zetten zoals ik heb gedaan, met kwastjes (van hetzelfde metallic garen) aan sommige hoeken, maar u kunt het ook anders, op uw eigen manier doen.

TIP

Als u een computer en een scanner hebt, kunt u een van deze blokken scannen; kopieer het blok en plak er een aantal op uw scherm. Test verschillende kleurenschema's en verschillende manieren om ze samen te voegen.

Het midden van elk blok is een geplet kussentje van gevouwen stof, wat een driedimensionaal effect geeft.

ik heb je nooit een rozentuin beloofd

Deze quilt was oorspronkelijk gemaakt voor een wedstrijd van de Quilters Guild in Londen en ik was dolblij toen hij bij een anonieme stemming de eerste prijs won. De uitdaging was om een quilt van 60 x 60 cm te maken, gebaseerd op bloemen en bladeren en dit onderwerp was ideaal voor origamitechnieken. Ik had eerder al een grote driedimensionale quilt gemaakt van effen ongebleekte katoen die ik Waterlelies genoemd had, die negen stel van vier geneste bloemvormen had. Voor deze kleinere quilt heb ik gelijksoortige technieken gebruikt, plus nog enkele nieuwe, maar ik heb hem in felle kleuren gemaakt.

Creatie van Wendy Lowes (oorspronkelijke titel: *I Never Promised You a Rose Garden*) *Afmeting: 60 x 60 cm*

BENODIGDHEDEN:

Hoeveelheden gebaseerd op 115 cm brede katoenen stof voor het buitenste deel van de bloemen:

- ❖ 68 cm donkerroze stof, geknipt in 11 vierkanten van 20 x 20 cm 22,5 cm mediumroze stof, geknipt in 5 vierkanten van 20 x 20 cm

Voor het binnenste deel van de bloemen:

- ❖ 45cm dunne rode stof, geknipt in 7 vierkanten van 20 x 20 cm 22,5 cm
- ❖ dunne bordeauxrode stof, geknipt in 4 vierkanten van 11,5 x 11,5 cm
- ❖ 22,5 cm bleekroze stof, geknipt in 5 vierkanten van 20 x 20 cm
- ❖ Bijpassend garen voor de randen en om vast te naaien
- ❖ Dik perlé borduurgaren in een geschikte kleur om de hartjes van de bloemen te maken
- ❖ Vierkant stuk karton van 10 cm x 10 cm

Voor de blaadjes:

- ❖ 68 cm groene stof, geknipt in 16 vierkanten van 20 x 20 cm
- ❖ Bijpassend of contrasterend groen garen voor de randen en om vast te naaien

Voor de achtergrond:

- ❖ 68 cm bleek turkooizen stof, waaruit 1 vierkant geknipt wordt van 61,5 x 61,5 cm

Achterkant:

- ❖ 68 cm blauwe stof, 1 vierkant geknipt wordt van 61,5 x 61,5 cm
- ❖ Ongeveer 37,5 x 55 m lichtgewicht vulling, geknipt in 24 vierkanten van 9 x 9 cm

KLEURENSCHEMA

Maak zeven bloemen met donkerroze buitenste bloemblaadjes en een rood midden (blok 1). Maak vier bloemen met donkerroze buitenste bloemblaadjes en een bordeauxrood midden (blok 2). Maak vijf bloemen met mediumroze buitenste bloemblaadjes en een bleekroze midden (blok 3). Rangschik de bloemen zo dat de kleuren niet symmetrisch zijn. Hier vormen de lichtere roze bloemen een S-bocht tussen de donkerdere.

methode ▸

BUITENSTE DEEL VAN DE BLOEMEN:

1 Neem de 16 grotere roze vierkanten en stik met bijpassend garen een aaneengesloten zigzagsteek rond alle zijranden van elk vierkant, zie bladzijde 23.

2 Vouw het vierkant met blintzvouwen (zie bladzijde 24, stap 2) en plak dan een klein stukje tape over de punten in het midden om ze op hun plek te houden.

3 Vouw nu Wendy's basis alsof u met een gewoon vierkant begon (zie bladzijde 24). U zult zien dat de vier bovenste flappen diagonale openingen hebben, maar de randen van de flappen zijn gevouwen.

4 Vouw de bovenste flappen helemaal terug naar de hoeken aan de buitenkant.

5 Pers de vier hoeken goed plat.

6 Vouw de binnenflappen naar de buitenrand en pers.

Herhaal het bovenstaande voor het buitenste deel van de andere 15 bloemen.

2

3

4

5

6

BINNENSTE DEEL VAN DE BLOEMEN:

1 Neem de 16 kleinere vierkanten en vouw de randen naar achteren. Gebruik hierbij een mal van dun karton van 10 x 10 cm, zoals beschreven op bladzijde 64.

2 Vouw het vierkant met blintzvouwen en plak het midden vast zoals beschreven in stap 2 van het buitenste deel van de bloemen.

3 Ga door met vouwen op precies dezelfde manier als bij stap 3 van het buitenste deel van de bloemen.

4 Verwijder nu de tape van de achterkant en maak de vier driehoekige flappen los en breng ze naar de zijkant van het binnenste deel van de bloem.

5 Stop deze driehoekige flappen onder de binnenste driehoekige flappen van het buitenste deel van de bloem.

6 Neem een kort stukje van het perlé borduurgaren en draai het een paar keer rond uw vinger. Naai het vast in het midden van de bloem.

Herhaal het bovenstaande voor de andere 15 bloemen. Ze zijn nu klaar.

BLADEREN:

1 Neem de 16 vierkanten groene stof en stik rond alle vierkanten, zie bladzijde 23.

2 Vouw Wendy's basis (zie bladzijde 24) en maak hele diagonale vouwlijnen.

3 Pak een van de flappen aan de zijkant en vouw vanuit het centrum naar het midden zodat de dubbele gestikte randen tegen de diagonale vouwlijn liggen; pers. Vouw de andere kant van de flap ook naar de diagonaal toe.

4 Vouw het driehoekje van de buitenhoek over de flappen die u net gevouwen hebt heen en pers stevig.

5 Vouw de laatste drie vouwen open. Pak de bovenste hoek van de flap vanuit het midden, uit de laatste drie vouwen.

6 Trek de flap terug op de vouw aan de buitenhoek, zodat de gestikte randen tegen elkaar aan liggen.

7 Pers stevig. De origamiterm voor deze volgorde is 'bloembladvouw'.

8 Herhaal met de andere drie hoeken. Herhaal bij alle groene vierkanten.

COMBINEER BLOEMEN EN BLADEREN:

1 Verwijder het stukje tape van de achterkant van het buitenste bloemdeel en maak de vier driehoekige flappen los en haal ze naar de zijkant van de bloem.

2 Open het blad-deel vanuit de punten in het midden en schuif de bloem erin. Het punt waar de onderste kwarten van twee naastliggende blaadjes bijeen komen past in de binnenste flap van het buitenste bloemdeel.

3 Herhaal aan de andere drie zijden.

4 Maak vast met hechtsteekjes onder de vier hoeken van de bloem.

5 Naai met onzichtbare steekjes met groen garen het zichtbare deel van de machinaal gezigzagde randen van de bladeren bij elkaar, in het midden van elk blad.

Herhaal het bovenstaande voor de andere 15 bloem- en bladdelen.

IN ELKAAR ZETTEN:

1 Pak de achtergrondstof en strijk aan de randen 6 mm naar achteren, zodat u een vierkant hebt van 60 x 60 cm.

2 Maak vouwen zoals in het diagram. U kunt dit het gemakkelijkst doen door op de helft te vouwen. daarna op een kwart in de vier richtingen. Vouw dan de diagonalen over elke rij vierkanten.

3 Accentueer 15 cm van het diagonale kruis in het midden van elk vierkant met een stofpotlood.

4 Begin bij de middelste vier vierkanten en knip de kruisen van 15 cm zorgvuldig in met een scherpe schaar.

5 Neem een van de bloem-en-bladeenheden en schuif het in een van de ingeknipte kruisen, terwijl u de knipranden onder de bladeren en de zijkanten van de bloemen schuift.

6 Door de dikke binnenflappen van het buitenste bloemdeel is het binnenste bloemdeel niet goed te zien, dus ze moeten een beetje tegengehouden worden door enkele steekjes eronder, maar niet zo strak dat ze plat komen te liggen.

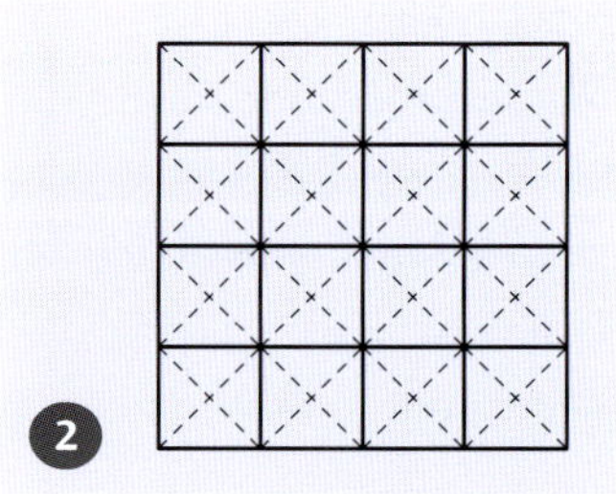

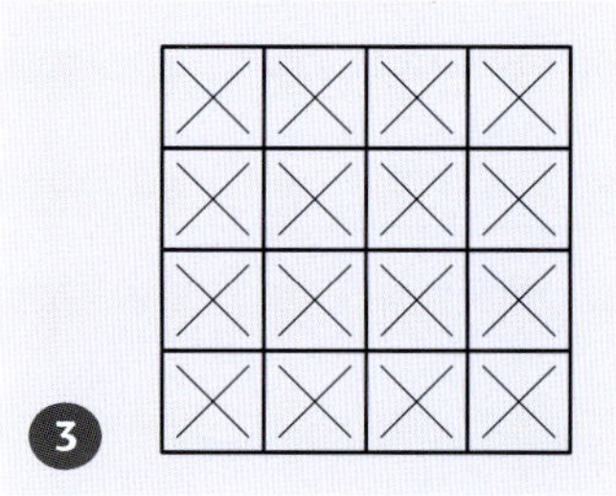

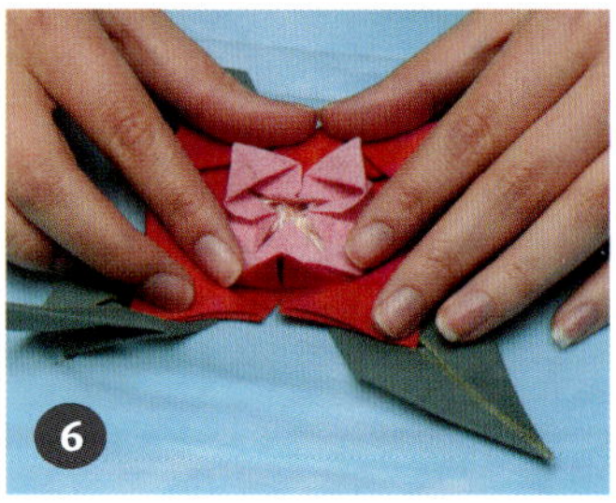

Een van de bloemen met zijn puntige bloemblaadjes van dichtbij. U kunt nog net het hartje van borduurgaren in het midden zien.

7 Herhaal stap 5 en 6 met de andere drie ingeknipte kruisen. Waar de punten van vier bladeren in het midden bij elkaar komen, naait u ze bijeen met een kruissteekje.

8 Ga verder met het inknippen van de buitenrijen van kruisen en schuif de andere bloemen en bladeren op dezelfde manier erin.

9 Draai het werkstuk om; dan ziet u de vierkante delen van de bladdelen aan de achterkant. Leg de stukjes vulling tussen deze vierkanten en schuif de hoeken onder de zijden van de groene vierkanten. Rijg vast.

10 Vouw ten slotte de randen van de achterkant in, zodat een vierkant ontstaat dat een beetje kleiner is dan de voorkant van de quilt, en naai ze aan elkaar door aan de achterkant te zomen. Maak hechtsteken door alle lagen heen op de middens van de zijden van de binnen- en buitenbloemdelen en de buitenste punten van de bladeren. Deze houden de vulling, de bloemen en de bladeren op hun plek. Verwijder alle rijgdraden.

bedriegerskussen

Deze creatie is voor mensen die het vouwen wel leuk vinden maar het vervelend vinden om het kussen te maken! Kussens met zijden overtrekken in een effen kleur zijn in alle vormen en maten te koop in de meeste grote warenhuizen, en ik heb er, om er iets aparts van te maken, een paneel van gevouwen zijden vierkantjes op geappliqueerd.

Voor de applicatie heb ik een stuk zijde gebruikt dat met twee verschillende kleuren geweven was, maar twee stukken zijde met een verschillende kleur, die op elkaar geplakt worden, kunnen net zo goed. Gebruik vliesofix om de vierkanten op elkaar te plakken voordat u begint.

Creatie van Wendy Lowes (oorspronkelijke titel: *Cheater's Cushion*) *Afmeting kussen: 41,5 x 41,5 cm, paneel: 26,5 x 26,5 cm*

BENODIGDHEDEN:

- ❖ Een kant-en-klaar kussen van 41,5 x 41,5 cm met een afneembaar effen zijden overtrek
- ❖ 9 vierkanten van 18,5 x 18,5 cm van dubbelzijdige medium blauwe/donkerblauwe zijde

OF

- ❖ 9 vierkanten van 18,5 x 18,5 cm van effen donkerblauwe zijde
- ❖ 9 vierkanten van 18,5 x 18,5 cm van effen medium blauwe zijde
- ❖ 180 cm vliesofix van 30 cm breed, geknipt in 9 vierkanten van 18,5 x 18,5 cm
- ❖ Bijpassend garen om vast te naaien
- ❖ Vierkant stuk dun karton van 18 x 18 cm

KLEURENSCHEMA

Het paneel is 26,5 x 26,5 cm groot. Rangschik de blokken licht, donker, licht in een schaakbordpatroon.

methode ▸

1 Als u eerst twee stukken zijde tegen elkaar aan moet plakken, volg dan de instructies op bladzijde 22.

2 Vouw de randen van een zijden vierkant over de dunne kartonnen mal, zie bladzijde 64. Vouw er vijf met de donkere kant boven en vier met de lichte kant boven.

3 Maak in het midden van elke kant twee knipjes 4 cm van elkaar, tot aan de vouwlijn. Vouw het stukje rand tussen de knipjes naar de andere kant.

4 Begin, met de grootste stukken rand naar achteren gevouwen, met het maken van Wendy's basis (zie bladzijde 24).

5 Vouw net als de bladeren op bladzijde 55, stappen 3-7.

6 Vouw de binnenste punten (met de zichtbare stukjes omgekeerde rand) terug naar de buitenste rand van het vierkant.

7 Als u zelf het kussenovertrek gemaakt hebt en er nog een beetje stof over is, of als u een ander stukje zijde hebt in de kleur van het overtrek, doe dan een vierkant van 7,5 x 7,5 cm in het gevouwen vierkant en stop de randen weg.

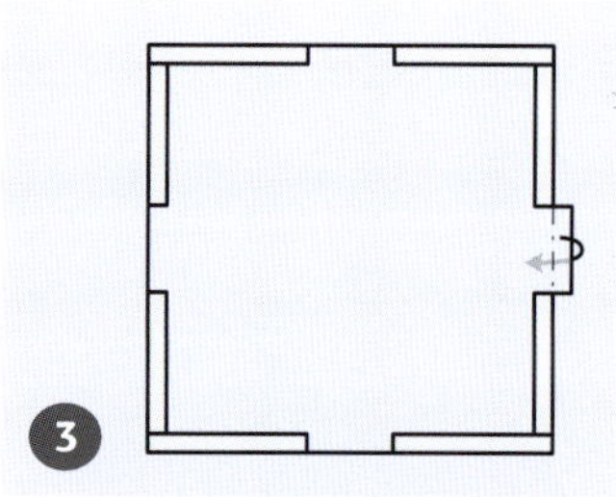

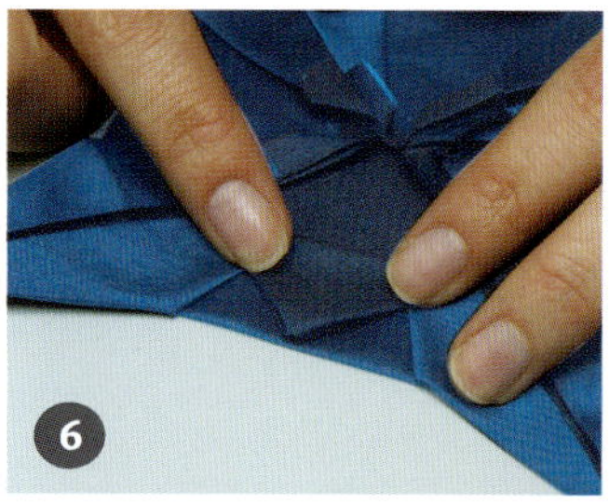

8 Vouw de bloembladen naar beneden, naar het midden van het vierkant.

9 Als u geen stukje zijde in dezelfde kleur als uw kussenovertrek hebt, kunt u smokkelen!

Draai na stap 6 het vierkant om en teken een 7 cm lang diagonaal kruis in het midden. Knip met een scherpe schaar zorgvuldig het kruis in en vouw de vier driehoeken stof naar achteren. De punten zullen buiten de rand uitsteken, maar u kunt ze ondervouwen.

10 Draai het vierkant om naar de goede kant; vouw de bloemblaadjes naar het midden en u zult openingen zien waardoor de achtergrondstof te zien is als het blok op zijn plaats wordt genaaid.

Een dun rolletje van een strookje of een koordje rond het geappliqueerde paneel maakt de afwerking perfect.

11 Herhaal deze werkvolgorde met de andere acht vierkanten. Vouw er in totaal vijf met de donkere kleur buiten en vier met de lichte kleur buiten.

12 Naai de blokken aan elkaar in drie rijen van drie, met de laddersteek of met een overhandse steek aan de achterkant, volgens het kleurenschema op bladzijde 58. Hecht de punten bij het midden van elk blok tijdens het naaien vast.

13 Leg het paneel midden op een kant van het kussenovertrek en speld of rijg vast. Schuif een tijdschrift of een stuk karton in het overtrek, zodat u de achterkant niet vastnaait!

14 Naai kleine stiksteekjes langs de naden tussen de blokken. Naai de punten van de bloemblaadjes in het midden vast met een kruissteekje. Zoom netjes rond alle kanten van het paneel, en zorg ervoor dat u de gevouwen punten in het midden van de buitenste randen van de blokken ook vastzet.

op artdraai

Jarenlang heb ik geprobeerd om deze draaivouw van stof te maken door de instructies in origamiboeken te volgen. Bij papier zijn er heel wat ingewikkelde vouwen vooraf nodig. In 1996 volgde ik een workshop van Linda Kemshall, waarin ze deze eenvoudige knijp-en-speldmanier leerde. Ze vertelde me dat ze het idee kreeg uit een artikel door Julie Richardson in het tijdschrift *Quilter* in de zomer van 1986 en ze noemde het het vierkant van JR. Zowel Julie als Linda hadden hun eigen interessante variaties gevonden bij de basisdraai en ik zal u mijn variatie laten zien, geïnspireerd door de bovenkant van een van Tomoko Fuses origamidoosjes. Het is prachtig hoe in de loop der jaren vonken van nieuwe ideeën van de ene persoon naar de andere kunnen overslaan.

Als dit van effen stof gevouwen wordt, maakt het een interessant patroon van vouwen en schaduwen. Met gestreepte stof, zoals hier, ontstaat een geweldig 'op-Art' effect en het patroon zal weer anders worden met bredere of smallere strepen.

Creatie van Wendy Lowes (oorspronkelijke titel: *Op Art Twist*) *Afmeting: 45 x 45 cm*

BENODIGDHEDEN:

VOORKANT:

- ❖ 113 cm van 115 cm brede gestreepte stof, geknipt in 25 vierkanten van 20 x 20 cm
- ❖ Bijpassend garen om de vierkanten aan elkaar te naaien
- ❖ Vierkant van dunne karton van 17,5 x 17,5 cm

ACHTERKANT:

- ❖ 113 cm van dezelfde stof als de voorkant, of effen in de kleur van een van de strepen

VULLING:

- ❖ Vulkussen van 45 x 45 cm

KLEURENSCHEMA

Naai de vierkanten aan elkaar vast, met de richting van de strepen afwisselend horizontaal en verticaal, zowel in de lengte- als in de breedterichting.

methode ▸

1 Snijd een vierkant van 17,5 x 17,5 van dunne karton en leg het in het midden aan de achterkant van het stofvierkant en strijk de randen er overheen. Hierdoor bent u er zeker van dat het vierkant dat u overhoudt met naar achteren gestreken randen nog steeds perfect vierkant is.

2 Neem een vierkant stuk stof en maak een kneepje in het midden van elke zijkant. Als een kneepje met de hand niet zichtbaar is, gebruik dan een strijkijzer maar strijk niet meer dan ongeveer 1 cm in het midden van elke zijkant.

3 Neem een kneepje tussen duim en wijsvinger en leg het bij de bovenrand van die zijkant.

4 Houd alle lagen bijeen met een speld in de hoek die u evenwijdig aan die zijkant erin steekt.

5 Draai eenmaal, tegen de klok in, en pak het kneepje aan de volgende zijkant.

Leg de stof bij de hoek aan die kant en speld weer vast. Herhaal aan de laatste twee zijkanten en draai steeds tegen de klok in. U hebt nu een ballonnetje van stof dat in het midden van het vierkant omhoog komt.

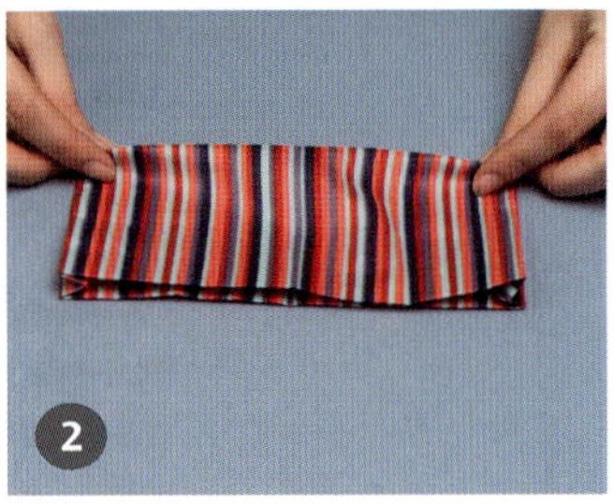

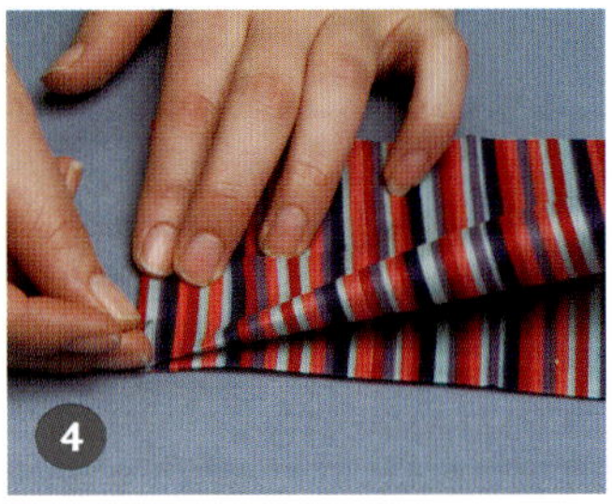

6 Klop dit zachtjes met uw hand naar beneden en het zal een keurig ruitje vormen in het midden van het vierkant.

7 Strijk de middenvorm plat met een strijkijzer.

8 Til de flap van de ruit op en strijk een dalvouw tussen de hoek van de ruit en de andere kant van de flap.

9 Op de origamitekening ziet u de eerste vouw aan de rechterkant, met pijltjes die de volgende drie vouwen aangeven.

10 Herhaal deze vouw aan de andere drie kanten.

11 Het uiteinde van de laatste driehoek moet nog onder de eerste geschoven worden om het patroon af te maken.

12 Naai enkele hechtsteekjes op de acht plaatsen waar de vouwen over elkaar vallen in het midden van het blok.

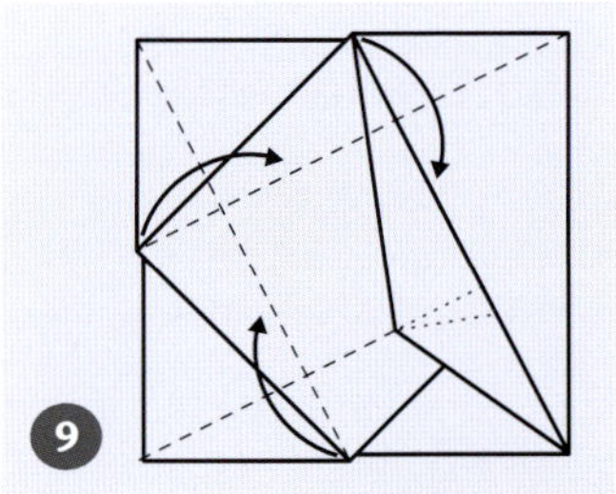

13 Naai de gevouwen blokken aan elkaar in vijf rijen van vijf met de laddersteek of met kleine overhandse steken aan de achterkant.

14 Op het maximale op-arteffect te krijgen, legt u de blokken om en om in een andere richting.

15 Voor de achterkant van het kussenovertrek knipt u twee stukken stof van 47,5 x 30 cm. Maak een zoompje aan een lange kant van beide stukken. Leg de gezoomde zijkanten over elkaar zodat een vierkant van 47,5 x 47,5 cm ontstaat en speld vast. Maak dan een stiklijn dicht bij de buitenrand om de overlappende stukken bijeen te houden.

16 Leg de goede kant van de gevouwen blokken op de goede kant van de achterkant en naai de buitenranden vast langs de zoomranden. Zigzag de knipkanten om rafelen te voorkomen.

Keer het kussenovertrek binnenstebuiten via de opening aan de achterkant en doe via dezelfde opening het vulkussen erin.

TIP

- Als de strepen op uw stof onregelmatig zijn in breedte en kleurvolgorde, probeer dan de mal elke keer op dezelfde plaats op het patroon te leggen.

- Als de stof bredere strepen heeft, kunt u het kussen ook maken met grotere vierkanten.

- Voor andere maten begint u altijd met een vierkant stuk stof dat tweemaal de lengte en tweemaal de breedte heeft van het afgewerkte blok.

- Als u vindt dat de opening aan de achterkant te los is, kunt u enkele drukkers of stukjes klittenband aanbrengen om hem te sluiten.

- Aanwijzingen hoe u een ritssluiting in de achterkant van een kussen kunt zetten, vindt u op bladzijde 97.

Door de vouwen veranderen de strepen steeds van richting, waardoor een fantastisch op-Arteffect ontstaat.

windsurfers

Toen ik naar een tekening keek van een deel van Cathedral Windowpatchwork herinnerde de vorm me aan het zeil van een windsurfer met zijn gebogen giek over het midden. Dit inspireerde me om te gaan experimenteren om te zien of ik het effect van zeiltjes op het water van gevouwen stof kon maken. Eerst vouwde ik de vorm van een vierkant stuk tissuepapier en kleurde het water en het zeil in met krijtjes. Toen vouwde ik het zeil weer uit en keek om te zien waar de kleuren op het papier zaten. Om hetzelfde met stof te doen, gebruikte ik transfer verf voor stof.

Ik heb dit wandkleed gemaakt met gevouwen vierkanten van vijf verschillende maten en het ontwerp gedrukt met verschillende kleuren, wat het effect geeft van een vloot windsurfers die over een meer naar de verte zeilt.

Creatie van Wendy Lowes (oorspronkelijke titel: *Windsurfers*) *Afmeting: 38,5 x 71,5 cm*

BENODIGDHEDEN:

- 101,25 cm niet-glanzende witte polyester stof van goede kwaliteit, te knippen in:
  1 vierkant van 30 x 30 cm
  7 vierkanten van 20 x 20 cm
  11 vierkanten van 15 x 15 cm
  7 vierkanten van 10 x 10 cm
  5 vierkanten van 8 x 8 cm
  Deze maten zijn inclusief zomen aan de randen.
- Goede kwaliteit kopieerpapier om op te schilderen:
  1 vierkant van 30 x 30 cm
  2 vierkanten van 20 x 20 cm
  3 vierkanten van 15 x 15 cm
  2 vierkanten van 10 x 10 cm
  2 vierkanten van 8 x 8 cm
  Het tweede aantal is niet hetzelfde als het eerste omdat er tot vier goede afdrukken kunnen worden gemaakt van een beschilderd papier.
- Wit tissuepapier en kleurpotloden om de zeiltjes te kleuren
- Transfer verf voor stof: blauw en groen voor het water, bruin voor de masten en een aantal verschillende kleuren voor de zeilen
- Bijpassend garen om verschillende delen van de vierkanten te naaien
- Blauwgroen katoenen perlé borduurgaren (dikte nr. 5) om de vierkanten aan elkaar te naaien

KLEURENSCHEMA

1A is een blok van 8 x 8 cm met blauw met witte zeilen.
1B is een blok van 8 x 8 cm met oranje met gele zeilen.
2C is een blok van 10 x 10 cm met groen met gele zeilen.
2F is een blok van 10 x 10 cm met blauw met rode zeilen.
3B is een blok van 15 x 15 cm met geel en oranje gestreepte zeilen.
3D is een blok van 15 x 15 cm met blauw met rode zeilen met een ruit.
3G is een blok van 15 x 15 cm met blauw met witte zeilen met een ruit.
4C is een blok van 20 x 20 cm met groen, wit en geel gestreepte zeilen.
4D is een blok van 20 x 20 cm met blauw met rode zeilen met een ruit.
5B is een blok van 30 x 30 cm met geel en oranje gestreepte zeilen.

methode ▸

1 Vouw van een vierkant van 30 x 30 cm wit tissuepapier een Cathedral Window (zie bladzijde 15).

Nadat de hoeken tweemaal zijn ingevouwen, rolt u de randen slechts aan een kant van de diagonaal terug (zie tekening).

Kleur met een blauw potlood de linkerkant en de vorm die tussen de teruggerolde randen te zien is. Kleur de half teruggerolde diagonaal bruin voor de mast. De twee driehoekjes rechts boven en onder vormen het zeil.

Vouw alles terug om te zien waar de kleurvlakken liggen.

Herhaal het bovenstaande voor de andere vier maten van de vierkanten; kijk naar het kleurenschema en gebruik verschillende patronen en kleuren voor de zeilen.

2 Met de transfer verf schildert u het spiegelbeeld op de vierkante stukken papier. Laat de verf drogen.

3 Leg de gekleurde kant van het papier op het even grote vierkant stof. Plak het met schilderstape vast om te voorkomen dat het gaat schuiven. Strijk aan de achterkant van het papier tot de kleur op de stof is overgebracht. U kunt een hoekje optillen om te kijken of het al klaar is.

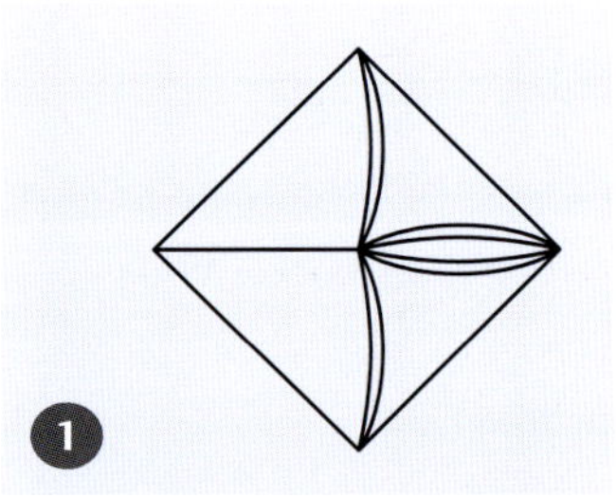

TIP

- Onthoud dat wat u schildert, het spiegelbeeld is van de afdruk.

- De stof waar u van uitgaat moet polyester zijn om heldere en blijvende kleuren te geven.

- De transfer verf ziet er veel donkerder uit op papier dan de afdruk op stof.

- U kunt tot vier afdrukken maken van elk beschilderd papier.

4 Als u alle afdrukken hebt gemaakt, kunt u beginnen met vouwen met behulp van een strijkijzer. Vouw alle zijkanten in, met de gedrukte kant onder.

5 Vind het midden van het vierkant door de hoeken die schuin tegenover elkaar liggen naar elkaar toe te vouwen en een kneepje in het midden te maken.

6 Vouw de hoeken naar het midden met de bedrukte kant naar onderen. De nauwkeurigste manier om dit te doen ziet u op bladzijde 24.

7 Naai de randen met een onzichtbaar steekje aan elkaar.

8 Zo ziet het er aan de andere kant uit.

9 Vouw met de zojuist genaaide kant boven de hoeken naar het midden en houd ze met een hechtsteekje op hun plek.

10 Rol de gevouwen randen terug aan de kant ven het zeil, als bij het Cathedral Windowspatchwork (zie bladzijde 15).

11 Naai aan de kant van het water de randen met onzichtbare steken tegen elkaar aan en zoom de middellijn vast.

12 Maak alle vierkanten met de verschillende maten op dezelfde manier af.

13 Leg de blokken neer volgens het schema op bladzijde 68 en rijg ze op stevig bruin papier met een kleine, maar overal even grote kier tussen de vierkanten. Naai met het blauwgroene perlé garen de vierkanten aan elkaar vast met gedraaide naadverbindingssteken. Als alle verbindingen klaar zijn, kunt u de rijgdraden en het bruine papier verwijderen. De naadverbindingssteken maken enige beweging mogelijk van het wandkleed als u het aan een haakje hangt, ongeveer 2,5 cm vanaf de muur.

Op deze detailfoto kunt u de verschillende gebruikte steken zien.

kleurige molentjes

Ik heb mijn eerste molentjesquilt gemaakt in 1988, maar pas toen ik lid werd van de British Origami Society realiseerde ik me hoeveel molentjes er allemaal zijn; dit is het eenvoudigste. Als ze regelmatig in een vierkant schema tegen elkaar worden gelegd, zijn de openingen ertussen groter dan bij de gedraaide versie (zie bladzijde 74). De achterkanten van deze onderdelen zijn platte vierkanten met vier driehoeken die er aan de zijkanten uitsteken; elke driehoek komt tot halverwege de zijkant van het vierkant. Dit is een geweldige techniek om restjes stof op te maken.

Het hele werkstuk is gemaakt om twee ruimten te verdelen of om voor een raam te hangen, maar u kunt er steeds molentjes aan toevoegen tot het zo groot is als u wilt. De foto's van het stap-voor-stapproces tonen het maken van kleine molentjes met vierkanten van 7 x 7 cm als uitgangsmateriaal. Voor het wandkleed zijn vierkanten van 16,5 x 16,5 cm gebruikt. Het principe blijft gelijk voor alle afmetingen.

Creatie van Louise Mabbs (oorspronkelijke titel: *Twist and Shout*) *Afmeting: 110 x 110 cm*

BENODIGDHEDEN

- ❖ 67,5 cm van 115 cm brede stof van elke kleur, geknipt in 17 vierkanten van 16,5 x 16,5 cm:
  - Kastanjebruin (K)
  - Rood (R)
  - Oranje (O)
  - Geel (G)
  - Groen (Gr)
  - Turkoois (T)
  - Kobaltblauw (B)
  - Paarsrood (P)
  - Violet (V)
- ❖ 34 cm van 115 cm brede zwarte katoen (z), geknipt in 9 vierkanten van 16,5 x 16,5 cm
- ❖ 9 transparante ringen om de creatie op te hangen

KLEURENSCHEMA

Combineer de gekleurde vierkanten, de rechte kanten bij elkaar. Maak negen paren met kastanjebruin aan de buitenkant en alle andere kleuren aan de binnenkant. Gebruik zwart voor de binnenkant waar deze dezelfde kleur zou zijn. Herhaal dit met alle andere kleuren. De letters op de kaart hiernaast geven de kleuren voor de binnen- en buitenkant voor iedere eenheid aan.

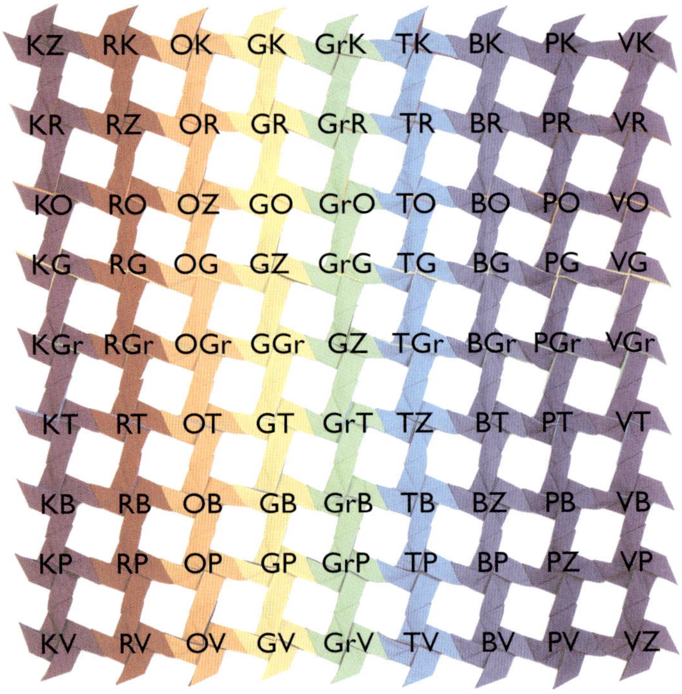

TIP

- Gebruik katoen omdat de vouwen er goed in blijven zitten; het veert niet terug als u naait.

- Effen kleuren werken in deze creatie het beste.

- Om een paneel te maken met een bepaalde afmeting, deelt u deze door de afmeting van een gevouwen blok. Van punt tot punt zijn ze even breed als het beginvierkant, minus de naadtoeslagen, maar de afmeting hangt ook af van de manier waarop ze aan elkaar zijn gezet.

- U kunt vierkanten van verschillende afmetingen van papier vouwen, om te zien hoe groot ze worden.

- Als u berekent hoeveel stof u nodig hebt, vergeet dan niet het aantal vierkanten met twee te vermenigvuldigen, omdat elk blok gemaakt is van twee verschillende stoffen.

- Voor een variatie kunt u sommige blokken achterstevoren ertussen zetten om open ruimtes op te vullen.

- Om er zeker van te zijn dat het wandkleed niet gaat uitzakken, maakt u alle vierkante delen aan de overeenkomstige driehoeken vast.

methode ▸

1 Maak eerst dubbele vierkanten; naai achter elkaar de vierkanten twee aan twee aaneen, met de goede kanten tegen elkaar als u een bedrukte stof gebruikt, met een kort steekje en 6 mm naadtoeslag. Begin op tweederde van een zijkant, naai drie zijden helemaal en laat aan de laatste zijkant ongeveer 2,5 cm open tussen de eerste en de laatste steek.

2 Knip elk hoekje af met een stompe hoek, zodat de naadtoeslagen niet over elkaar heen vallen als de vierkanten binnenstebuiten gekeerd zijn.

3 Keer de vierkanten. Gebruik een stompe breinaald om voorzichtig de hoeken uit te duwen, zonder dat u door de naad heen steekt. Rol de zijkanten tussen uw vingers en strijk met uw vingers de vouw plat voordat u met een stoomstrijkijzer perst; dit zal voorkomen dat u langs de randen valse plooien krijgt.

4 Eventueel kunt u de hoeken met een speld voorzichtig naar buiten halen.

5 Doe een stuk van hetzelfde garen als waarmee u gestikt hebt, door het oog van een kort, dun naaldje. Haal het omhoog op de rand door de opening, ongeveer 6 mm ernaast.

6 Naai de opening met de laddersteek dicht, met zo klein mogelijke steekjes. Begin en eindig met een klein hechtsteekje zodat de draad er niet uit getrokken kan worden.

7 Vouw het vierkant in tweeën tot een rechthoek wordt. Strijk met de nagels van de duimen vanuit het midden de vouw scherp. Bij grotere vierkanten kunt u ook een strijkijzer gebruiken. Draai het vierkant 90° en vouw nogmaals in tweeën met een rechte hoek ten opzichte van de eerste vouwlijn.

8 Maak een knoopje in garen van dezelfde kleur als de binnenkant van het vierkant. Steek de naald een klein stukje langs de naad en maak een hechtsteekje aan het eind van een vouwlijn.

9 Neem enkele draden stof op in het midden waar de vouwlijnen kruisen en pak dan enkele draden aan de andere kant op.

10 Trek de randen bij elkaar en maak twee steken door alle lagen.

11 Herhaal stappen 9 en 10 met de andere twee zijkanten. Steek de naald eerst onder de eerste steken van stap 9 door en haal dan de zijkanten naar het midden. Maak er weer enkele steken overheen en hecht de draad dan af in een van de gezoomde randen.

12 Strijk met de vingers de diagonale vouwen van het vierkant. Bij grotere blokken kunt u een strijkijzer gebruiken nadat u de vouwen met de vingers hebt gestreken.

13 Duw de punt (het middelpunt van het oorspronkelijke vierkant) naar de naaisteekjes toe plat, draai om en maak de vouwen die de randen van het vierkant vormen, tussen de twee diagonale vouwen die u zojuist gemaakt hebt en maak ze plat.

14 Pers de blokjes plat met de punten naar buiten, zodat ze een molentje vormen. Zet eerst de verticale rijen aaneen. Naai, met de molentjes plat op tafel, de diagonaal rechts onder van het eerste molentje tegen de diagonaal links boven van het volgende molentje.

15 Naai aan de achterkant, met een klein laddersteekje.

16 Naai kolom 1 aan kolom 2 vast terwijl u de punten naar beneden trekt.

17 Haal de naald naar boven op een hoek van de buitenste rij van vierkanten achter de driehoekflapjes, maak een lusje en haal de naald erdoor om het eind vast te zetten, of maak enkele hechtsteekjes.

18 Naai al de losse flapjes langs de randen van het wandkleed aan de achterkant vast, anders zal het gaan draaien en uitzakken. U hoeft niet te quilten, maar u zou kralen kunnen naaien aan de punten en op de naden.

19 Naai ringen aan de vierkanten aan de achterkant van de bovenste rij waardoor haken of een roetje gestoken kunnen worden. Let op dat ze in het midden van de driehoekige punten komen.

helemaal zwart en wit en rood

Toen ik mijn Origami Winden maakte zoals bij 'the wind blows' voor een quilttentoonstelling in een verbouwde windmolen in 1988, wilde ik iets maken dat gebaseerd was op plastic windmolentjes voor kinderen. Ik herinner me dat ik keek in de vroege origamiboeken van Robert Harbin en het traditionele molentje zag, maar ik vond de manier waarop de wieken gevormd werden niet leuk, want daardoor ontstonden grote openingen. Daarom experimenteerde ik met verschillende vouwstructuren. Toen ik het onlangs opnieuw probeerde, was ik totaal verbijsterd, en pas toen Nick Robinson van de British Origamy Society Philip Shens molentje uitlegde, zag ik hoe driedimensionaal het midden is, hoewel ik nog nooit een foto of instructies gezien heb die dit duidelijk uitleggen. Ik kreeg het idee om het midden te draaien, een techniek die ik sindsdien gezien heb op origami doosjes. Met papier is dit heel lastig, maar met stof gaat het erg gemakkelijk.

In Origami Winden maakte ik opgevulde vierkante zakjes tussen de molentjes die de structuur bij elkaar hielden, maar bij dit nieuwe project was ik dapper genoeg om de openingen open te laten. Maar toen ik bij de eerste poging probeerde een deel van het wandkleed omhoog te houden, gingen door het gewicht alle vouwen los, dus ik moest mijn methode aanpassen!

Creatie van Louise Mabbs (oorspronkelijke titel: *Black & White & Red All Over*) *Afmeting: 120 x 220 cm*

BENODIGDHEDEN

- ❖ 225 cm 115 cm brede witte katoen, geknipt in 51vierkanten van 20 x 20 cm
- ❖ 225 cm 115 cm brede zwarte katoen, geknipt in 51vierkanten van 20 x 20 cm
- ❖ 225 cm 115 cm brede grijze katoen, geknipt in 51vierkanten van 20 x 20 cm
- ❖ 153 vierkanten van allerlei met geometrische patronen bedrukte stoffen, een mengeling van strepen, stippen en ruiten in rood en wit of zwart en wit
- ❖ 9 witte D-ringen om het kleed als scherm op te hangen
- ❖ 22,5 cm sterk wit band net zo breed als (of breder dan) de binnenkant van het rechte deel van de D-ring
- ❖ Zwart, wit en grijs garen, passend bij de stoffen

KLEURENSCHEMA

Maak paren van een effen en een niet-effen vierkant. Maak steeds 4 of 8 paren op dezelfde manier als u een symmetrisch patroon wilt krijgen.

Ronde 1 & 2: witte achtergrond (rood en wit in het midden).
Ronde 3: mediumgrijze achtergrond.
Ronde 4: donkergrijze achtergrond.
Ronde 5: zwart.
Ronde 6: rode en witte strepen.
Ronde 7: medium grijs of rood en witte ruiten.
Ronde 8: rood.
Ronde 9: rood en wit.
Ronde 10: zwart en wit.
Ronde 11: donkergrijs
Ronde 12: zwart.
Ronde 13: rood en wit (hoeken).

TIP

- Katoen werkt het best.
- Vooral strepen werken goed bij deze vouwen omdat de richting verandert bij het maken van de draai.
- U hebt tweemaal zoveel vierkanten nodig als het totaal aantal blokjes dat u maakt.
- Als u eenmaal weet hoe groot uw molentje wordt, kunt u er meer of minder maken in de lengte of de breedte om uw kamerscherm op de maat te maken die u nodig hebt.
- Bedenk van tevoren of de kleuren van de middens in balans zijn met de kleuren van de wieken, die aan de achterkant te zien zijn. U wilt aan beide kanten een spectaculair effect bewerkstelligen.
- Het schema van 'Trip Around The World' werkt hier goed. Begin met een vierkant, maak er aan elke kant een vierkant aan, dan krijgt u een kruis. Maak er dan blokken bij aan elke arm en tussen de armen; u krijgt een ruit. Bevestig steeds rondes rondom de ruit totdat deze zo breed is als u wilt. Daarna komen er V-vormige lijnen aan de boven- en onderkant tot het scherm zo lang is als u wilt.

methode ▸

1 Naai de vierkanten (een effen en een niet-effen) op elkaar met een korte machinesteek, de goede kanten op elkaar. Begin halverwege een zijkant, Draai met de naald in de stof 90° en ga door langs alle zijkanten. Laat een opening van 1,8 cm open (bij grotere vierkanten iets meer). Knip elk hoekje met een stompe hoek af, zodat de naadtoeslagen niet over elkaar heen vallen als de vierkanten gekeerd zijn.

2 Keer de vierkanten. Gebruik een stompe breinaald om voorzichtig de hoeken uit te duwen en haal van buitenaf de hoeken met een speld voorzichtig naar buiten (zie bladzijde 72). Vouw dit vierkant naar achteren en naar voren in drieën.

3 Markeer het eind van elke vouw aan beide kanten met een speld.

4 Leg de vouwen uit, en vouw dan volgens de diagonaal met de hoeken opeen en speld de spelden ook door de andere kant.

5 Haal een naald omhoog langs de binnenkant van de zoom bij de speld, en naai op dat punt driemaal over beide lagen heen om ze op dit punt aan elkaar te bevestigen.

6 Hecht de draad af en herhaal aan de andere kant.

7 Vouw het blokje zodat de aaneengenaaide naden in het midden bij elkaar komen. Speld de andere twee hoeken en naai als in stap 5.

8 Als alle vier de hoeken genaaid zijn, pakt u er twee vast.

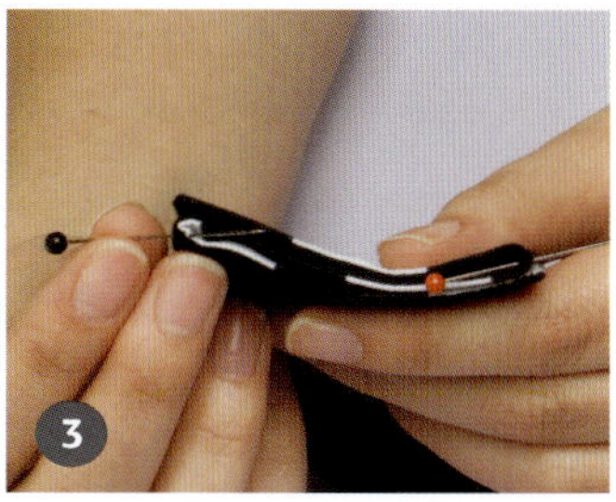

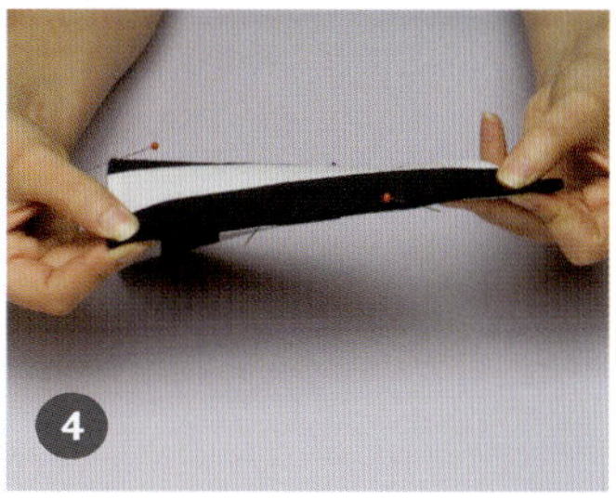

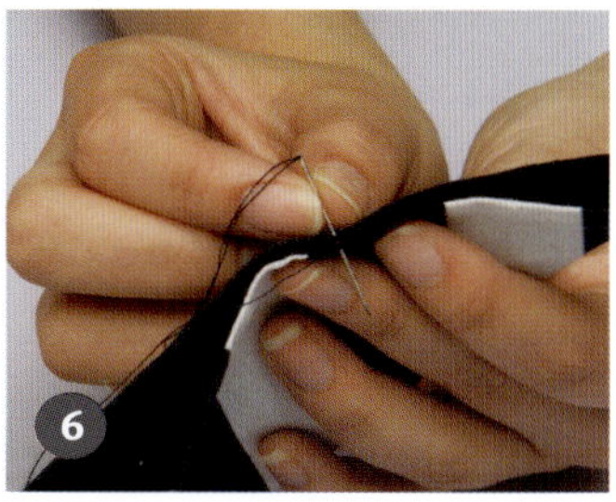

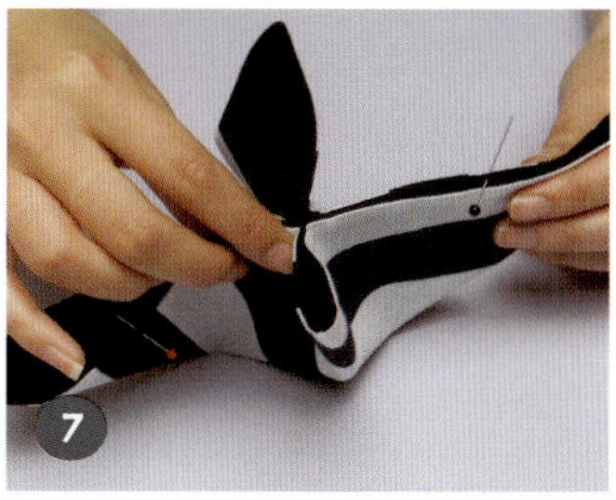

9 Draai de hoeken tegen de klok in.

10 Nu moet u vier in elkaar grijpende driehoeken in het midden hebben, met vier hoeken loodrecht op de zijkanten. Alle genaaide verbindingen moeten liggen bovenop de hoeken van de vier buitenste driehoeken.

11 Controleer om te zien of het vierkant dat door het gedraai aan de achterkant is ontstaan, mooi recht ligt; draai zo nodig iets bij.

12 Strijk de vouwen aan de achterkant. Licht de flappen op zodat u de buitenhoeken helemaal kunt strijken.

13 Maak het molentje plat en strijk het vierkant aan de achterzijde, draai om en strijk alle in elkaar grijpende driehoeken aan de voorkant.

DE MOLENTJES AAN ELKAAR NAAIEN

14 Leg de molentjes volgens uw ontwerp neer en maak ze met kleine veiligheidsspelden vast totdat u tevreden bent met het kleurenschema. U kunt ze ook op een prikbord prikken. Begin nu twee diagonale randen van de molentjes aan elkaar te naaien. Leg ze met de goede kanten op elkaar, haal uw naald omhoog door de vouw van de hoek naar u toe. Maak een enkel knoopje en trek het door de stof in de vouw; maak een hechtsteekje om te voorkomen dat de draad erdoorheen wordt getrokken.

15 Steek de naald door de buitenste rand van het achterste deel waar de hoek was vastgenaaid en dan door de hoek van het vierkant erachter. Trek de drie vouwen bijeen en maak een hechtsteekje.

16 Ga door met het naaien van de diagonale vouwen tegen elkaar met een kleine laddersteek. Neem aan de andere kant van de naad de buitendriehoek weer bij de verbinding, plus de hoek van het vierkant. Trek de drie vouwen bijeen, naai enkele overhandse steken en hecht de draad af. De twee molentjes zitten nu aan de achterkant aan elkaar vast.

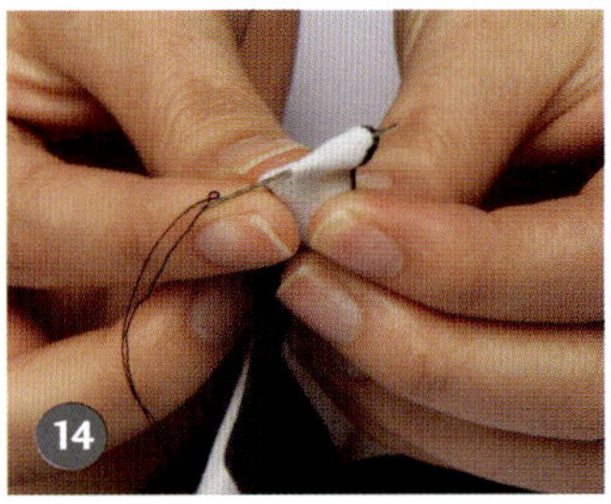

17 Op deze foto ziet u de voorkant van dit deel. Naai de losse driehoeken aan de randen van het kleed vast, omdat deze niet aan een ander molentje vastgenaaid zijn en anders open gaan hangen.

AFWERKING

18 Naai ringen aan de achterkant van de vierkanten langs de bovenste rij van het kleed. Omdat de molentjes kunnen vervormen onder hun gewicht, kunt u het beste D-ringen gebruiken die vastgemaakt worden met breed band. Knip een stuk band van 2,5 cm lang. Als het breder is dan het platte deel van de ring, vouwt u de randen naar binnen tot de goede breedte. Appliqueer de band achter het vierkant.

19 Leg de D-ring bovenop het band en rol de knipkant van het band er overheen, zodat u het vanaf de voorkant niet kunt zien. Houd de driekhoekflappen opzij terwijl u de band rond de ring vastzet door alle lagen van het vierkant. Gebruik bijpassend garen bij het molentje of zet de steken op strategische plaatsen zodat ze onzichtbaar zijn.

20 Sla de knipkanten van de band naar binnen en naai vast met een overhandse steek.

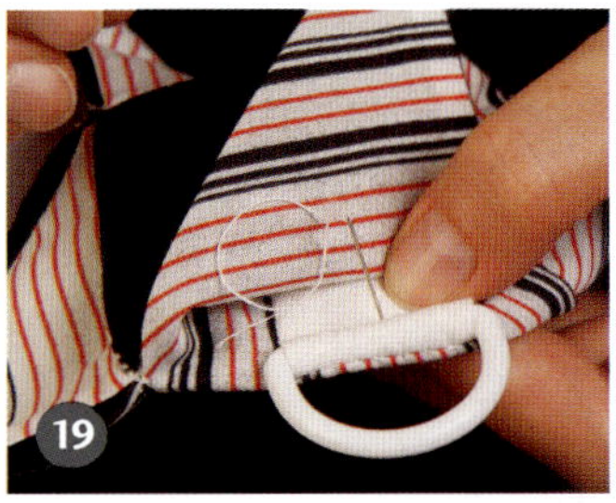

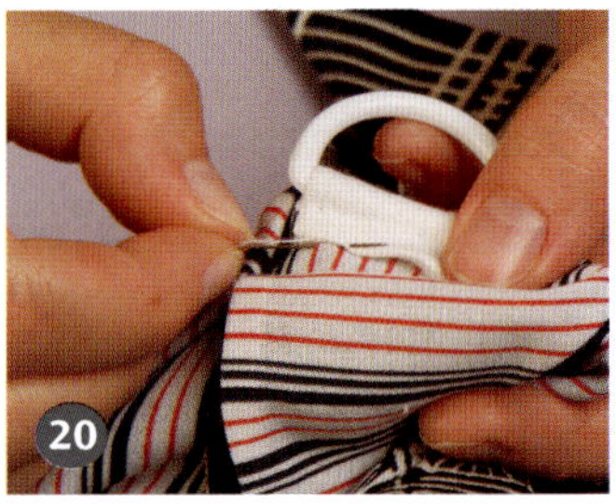

De achterkant van het kleed kan er net zo indrukwekkend uitzien als de voorkant, vooral als de strepen van richting veranderen.

cadeau-avonturen

Vroeger had ik een atelier met winkel in Derbyshire en op een keer maakte ik voor Kerstmis een adventquilt voor de etalage. Toen ik trouwde, hingen we allebei twaalf cadeautjes aan grote kralen aan de quilt en we maakten er iedere dag om de beurt een open. Toen we kinderen kregen, deden die ook mee: meisjes de ene dag en jongens de volgende. Naarmate de cadeautjes eraf gaan, komen er versieringen bij. De quilt hangt nu bij de voordeur en bezoekers krijgen ook wat, maar tegenwoordig koopt mijn quiltgroep cadeautjes voor mij, want mijn man heeft het opgegeven!

Deze creatie is een geperfectioneerde versie en er kunnen grotere cadeautjes in. Ik heb veel plezier bij het vinden van kleine cadeautjes voor iedereen; het hele jaar door kijk ik op vlooienmarkten en uitverkopen om alle zakjes te vullen, vandaar de titel.

Creatie van Louise Mabbs (oorspronkelijke titel: *Present Adventures*) *Afmeting: 102,5 x 127,5 cm*

BENODIGDHEDEN

- 25 stukken metallic stof van 14 x 18,5 cm voor de achtergrondblokken, met de volgende kleuren:
  - 5 x zilver
  - 5 x goud
  - 5 x rood
  - 5 x groen
  - 5 x blauw
- 25 stukken van 7,5 x 10 cm metallic stof voor de cijfers in de volgende kleuren:
  - 12 x zilver
  - 13 x goud
- 79 cm van30 cm brede vliesofix, geknipt in 25 stukken van 7,5 x 10 cm
- 79 cm van 115 cm brede rode katoen, geknipt in 25 stukken van 14 x 18,5 cm
- 79 cm van 115 cm brede groene katoen, geknipt in 25 stukken van 14 x 18,5 cm
- 113 cm van 115 cm brede blauwe katoen, geknipt in 4 stroken van 7,5 x 113 cm voor de verticale rasterstroken
- 20 stroken van 7,4 x 14 cm voor de horizontale rasterstroken
- 4 stroken van 9 x 113 cm voor de randen
- 135 cm van 115 cm brede stof voor de achterkant
- 1 strook van 22,5 x 113 cm voor de ophangtunnel
- 1 stuk 50 grams vulling van 113 x 130 cm
- Rood en blauw garen om de zakjes en de blokken aan elkaar te naaien
- Goud lurexdraad om de cijfers te appliqueren
- Goud lurex quiltgaren (hand) of blauw of rood quiltgaren (machine)
- 100 sterlovertjes met 5 verschillende vormen (facultatief)
- Sierknopen om de flappen vast te zetten (facultatief)

24
1
16
20
8
9
18
25
2
11
15
3
10
17
5
19
12
23
4
21
6
22
14
7
13

KLEURENSCHEMA

Leg de gekleurde metallic stoffen voor de blokken 5 horizontaal en 5 verticaal 5 voor u en maak een harmonische kleurverdeling. Leg de rasterstroken ertussen en speld alle delen op een prikbord of op een lap, zodat u de blokken in de goede volgorde kunt naaien. Maak paren van rode en groene stof voor de zakjes en besluit welke kleur voor en welke achter komt. Kijk of u tevreden bent met de kleurverdeling. Het schema hierboven toont de quiltvolgorde. Begin bij 1 en ga door tot het einde van de pijl. Een stippellijn geeft aan waar u de naald tussen de stoflagen door haalt om bij het volgende blok te komen. Ga zo verder tot lijn 18.

TIP

- Rijg of speld met veiligheidsspelden de lagen op elkaar voordat u met quilten begint om ze op hun plaats te houden.

- Het quiltschema hierboven is voor het werken zonder ring, dan is het gemakkelijker te werken vanuit de hoeken. Als het kleed in een quiltraam gespannen is, werk dan vanuit het midden naar de hoeken.

- Ik werk zelf prettig als de quilt op tafel verzwaard is met zware boeken; dan breng ik de hoek waar ik mee bezig ben op spanning met mijn lichaam tegen de tafelrand, zodat ik beide handen vrij heb om te quilten.

methode ▸

BASISQUILT

1 Speld de blokken van metallic stof en de horizontale stroken aaneen, met de spelden in de naadtoeslag om te voorkomen dat ze de metallic stof beschadigen. Stik met naadtoeslagen van 6 mm en strijk deze naar de stroken toe. Speld en stik de kolommen aan de verticale stroken en speld en stik daarna de zij-, boven- en onderranden eraan.

NUMBERS

2 Strijk de vliesofix tegen de achterkant van de zilver- en goudstof voor de cijfers. Laat het papier zitten. Teken de getallen 1-25 op de gewenste grootte op dun papier. Knip elk cijfer uit met een klein randje en leg ze op de goede kant van de metallic stof. Knip tegelijkertijd door het papiermodel en de stof.

3 Voor cijfers met een gat vouwt u het cijfer langs een rechte lijn, knipt een spleetje langs de vouw en steekt daar uw schaar door.

4 Gebruik de negatieve vorm in de stof om de dubbele cijfers op de goede kant van het zakje goed te plaatsen. Denk erom dat op adventkalenders de getallen door elkaar staan, zodat u even moet zoeken waar het getal voor elke dag staat.

1

2

3

4

TIP

- Probeer eens met een computer de cijfers in de goede maat af te drukken om als mal te gebruiken.

- Als de delen tijdens het knippen gaan glijden, kunt u met paperclips papier en stof op elkaar houden, omdat spelden de metallic stof beschadigen.

5 Trek het vliesofix-papier van de cijfers af en leg ze in de negatieve vormen. Strijk vast op de stof voor de zakjes.

6 Zet uw machinale steek op middelgrote zigzag met metallic garen boven en katoen onder. Stik rond de cijfers, en laat genoeg draad zitten om naar achteren te halen en een knoopje in te leggen, zodat het stiksel niet losgaat. Strijk voorzichtig terwijl u de metallic stof beschermt.

ZAKJES

7 Alle stukjes met een getal krijgen nu een achterkant van een andere kleur: rood met groen en andersom. Stik, met de goede kanten op elkaar, te beginnen bij de rand onder het getal, helemaal rond maar laat een opening van 2,5 cm halverwege de onderrand.

8 Knip de hoekjes af en keer de zakjes binnenstebuiten. Rol de randen tussen uw vingers en strijk dan voorzichtig, vooral ook over de cijfers. Sluit de opening met de laddersteek.

9 Leg de zakjes op de quilt en naai elk zakje op zijn plaats met rood garen, dicht bij de rand. Sla de bovenkanten willekeurig iets terug om de quilt interessanter te maken. Maak hechtsteekjes bij begin en eind, haal de draad naar achteren en knoop hem stevig af. Dit maakt de bevestiging sterker, want het gewicht van de cadeautjes kan wat aan het zakje trekken.

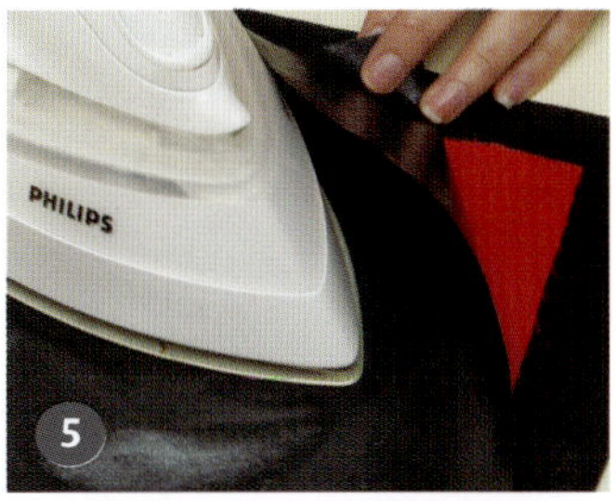

TIP

- Gebruik een naald met een wat groter oog; dat voorkomt dat de metallic draad breekt. Als het oog té groot is, zal het flinke gaten maken in de metallic stof.

- Gebruik bakpapier om de metallic stof te beschermen als u deze strijkt.

QUILTEN

10 Rek en speld de quilt zoals beschreven op bladzijde 127. Quilt met de hand rond elk zakje net buiten de naadtoeslag, zie het schema op bladzijde 82. Gebruik metallic garen en een vrij lange steek. Met een lange naald kunt u een aantal steken in een keer maken. Quilt 17 mm vanaf de buitenrand. Naai een lovertje op de hoek van elk blok.

AFWERKEN

11 Om de randen af te werken knipt u de vulling en de achterkant gelijk met de buitenrand en vouwt de stof van de rand tot aan de quiltlijn. Vouw de knipkanten van de achterkant naar binnen om de vulling.

12 Vouw bij de hoeken de stof naar binnen met rechte vouwen.

13 Naai de bovenrand tegen de achterkant aan met een onzichtbare appliqué steek. Naai de tunnel voor het ophangroetje aan de achterkant zoals beschreven op bladzijde 127.

TIP

Als u met de hand met metallic garen naait, schuif dan de draad steeds na een paar steken een beetje op, dan slijt de draad minder snel.

ananas, mango, papaya

Oorspronkelijk ben ik opgeleid als weefster en breister, daarom denk ik altijd aan mogelijkheden om deze technieken te combineren bij het maken van quilts. Deze creatie is gebaseerd op het weven van gevouwen stroken stof, het is een snelle techniek en een goede manier om restjes stof op te maken die over zijn van andere creaties. De placemats zijn vierkant en de loper is eenvoudigweg drie matjes die met stroken aan elkaar zijn gezet. De instructies zijn voor matjes met een gewone een-op-een-neerstructuur, maar u kunt met veel plezier experimenteren met andere weefsels, verschillende breedten van de stroken en kleurvolgordes, zoals u kunt zien bij het laatste vierkant van de loper. Als u het afwerkt met vulling kunt u een bedquilt maken met dezelfde techniek.

Creatie van Louise Mabbs (oorspronkelijke titel: *Pineapple, Mango, Papaya*) *Afmeting matje: 27,5 x 27,5 cm, loper: 27,5 x 87,5 cm*

BENODIGDHEDEN

VOOR ELK BLOK:

- 56,5 cm van 115 cm brede katoen in elk van onderstaande kleuren. Knip elk stuk in 20 strips van 7,5 x 27,5 cm:
  Geel
  Oranje
  Groen
  Donkerblauw
  Turkoois
- 12 cm van 115 cm brede turkooizen katoen, geknipt in 5 cm brede stroken over de breedte van de stof, recht van draad en aan elkaar gezet tot een lange strook

VOOR DE LOPER:

- 169 cm van 115 cm brede katoen in elk van onderstaande kleuren. Knip elk stuk in 60 strips van 7,5 x 27,5 cm:
  Geel
  Oranje
  Groen
  Donkerblauw
  Turkoois
- 45 cm van 115 cm brede turkooizen katoen, als volgt geknipt:
  3 x 5 cm brede stroken over de breedte van de stof, recht van draad en aan elkaar gezet tot een lange strook
  Vier stroken van 4 x 27,5 cm

KLEURENSCHEMA

Willekeurig: met allerlei kleuren

Volgens plan: gebruik een even aantal kleuren en kijk goed hoe ze in elke richting harmoniëren. Het schema hierboven laat het weefplan zien voor elk deel van de loper.

TIP

- Als u gladde stoffen wilt gebruiken, strijkt u een strook vliesofix onder de vouw.

- Om een bedquilt te maken, gebruikt u stroken van 15 x 31,5 cm met een strook vulling van 7,5 x 31,5 cm.

- Als u de stroken strijkt, legt u er een stuk of zes horizontaal voor u en strijkt eerst de eerste strook. Als de laatste gestreken is, zal de eerste genoeg zijn afgekoeld om te hanteren.

- Als u een ingewikkelder weefsel wilt maken, zoals een keperbinding waarin u over meer 'draden' over en onder gaat, zult u de stroken moeten vaststikken omdat het weefsel minder stabiel is.

- U kunt ook kleine prairie points of Somerset points tussen de vouwen zetten, maar u moet ze wel op hun plaats vastnaaien.

methode ▸

1 Maak een vouw van 2,5 cm breed langs de lengte van elke strook.

2 Vouw de andere rand over de eerste, zodat de hele strook in drieën gevouwen is.

3 Vouw de knipkant van de bovenste laag naar binnen en strijk hem op zijn plaats.

4 Leg tien stroken naast elkaar met de vouwen naar boven, in de goede volgorde. Stik langs de bovenkant met een naadtoeslag van minder dan 3 mm. Stik de onderkanten ook om de vouwen op hun plaats te houden,

1

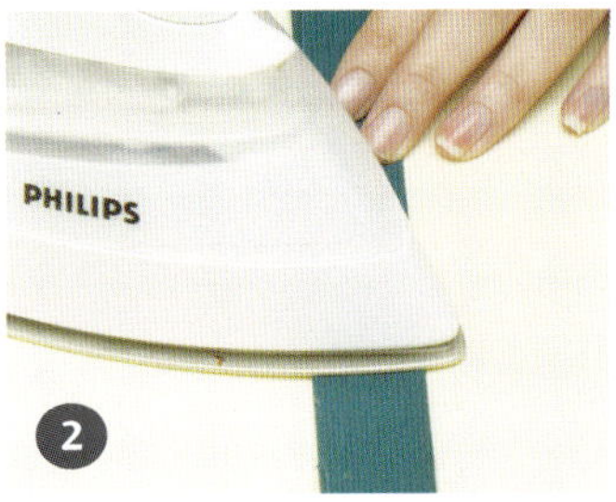

2

3

maar knip de stroken aan de onderkant wel weer los.

5 Leg het tweede stel stroken naast elkaar op volgorde, met de vouwen naar boven, en stik deze op dezelfde manier aan beide kanten.

6 Speld de stroken die boven en onder aaneen zitten, vast op een prikbord of strijkplank om ze te fixeren. Weef de eerste, half vastzittende set stroken door de tweede, vastgespelde set. Speld de losse einden aan het prikbord. Op-en-neer weven is de sterkste structuur: oneven stroken gaan onder-over-onder-over, terwijl even stroken over-onder-over-onder gaan.

Maak de spelden van het blok los van het prikbord, maar speld de losse stroken vast aan de rand van het blok. Stik ze vast en strek het blok dan voorzichtig in vorm. Quilten is niet nodig, maar als u met deze techniek een bedquilt maakt, quilt dan met een gewone rijgsteek of met een machinaal quiltontwerp langs de gevouwen rand, anders zullen er openingen ontstaan.

LOPER

7 Gebruik de techniek van quilt-as-you-go voor de loper. Leg langs een rand een

verbindingsstrook onder het blok en leg een andere strook bovenop het blok. Stik vast met een 6 mm naadtoeslag, met een kort steekje en ervoor zorgend dat de verticale strips niet vastgenaaid worden. U kunt deze naar de kant duwen en het blok weer terug in vorm krijgen door het heen en weer te bewegen, als alle stroken eraan genaaid zijn.

8 Naai de andere kant van de bovenste strook aan het tweede blok. Draai het blok om; de achterste verbindingsstrook ligt nu met de verkeerde kant boven.

9 Vouw langs de verbindingsstrook 6 mm om langs de knipkant. Naai de gevouwen rand met kleine laddersteekjes vast, net over de lijn van het machinestiksel. Let op dat u alleen door de bovenlaag naait, zodat de steken aan de onderkant niet te zien zijn.

EEN BINDING AANZETTEN

10 Vouw en strijk de bindingsstrook in tweeën en strijk tegelijkertijd de naden open. Begin het vastnaaien ergens langs een rand. Leg de knipkant van de binding langs de rand van het blok en laat aan het begin ongeveer 5 cm binding los hangen. Naai met een korte steek en een 6 mm

naadtoeslag tot aan de hoek, ervoor zorgend dat de verticale geweven stroken niet vastgenaaid worden. Til bij de hoek het voetje op en leg het blok een klein beetje opzij.

11 Draai het blok om de tweede rand te stikken. Maak een vouw in de binding zodat hij langs de volgende rand gelegd kan worden. Deze techniek werkt, ongeacht de breedte van de binding.

12 Ga verder met stikken waar de geweven stroken weer beginnen. Ga door rond het blok tot u aankomt bij het begin. Stop 5-7,5 cm vanaf het eind met naaien.

13 Knip het eind van de binding af, 1,5 cm voorbij het punt waar u met de binding begonnen bent.

14 Open de binding stik de einden aan elkaar met een naadtoeslag van 6 mm. Het helpt om eerst te spelden voordat u begint met stikken, omdat de binding gaat draaien terwijl u naait.

15 Strijk met de vingers de naadtoeslag open en vouw de strook daarna weer doormidden. Ga verder met het aannaaien van de binding.

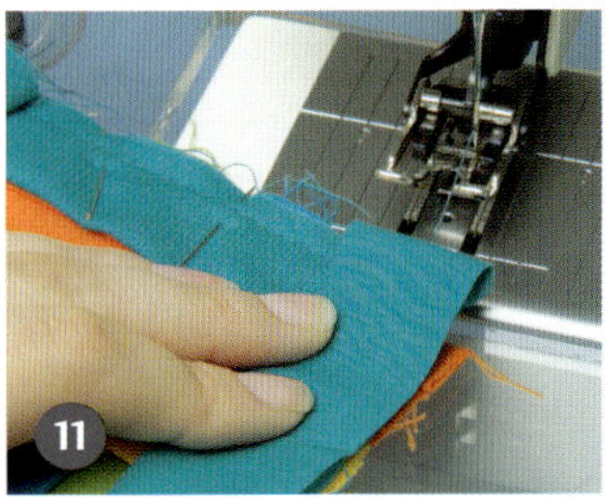

16 Vouw de binding naar de achterkant en appliqueer hem vast met een korte blinde steek, net voorbij het machinestiksel. Let op dat u alleen door de bovenlagen naait, zodat de steken aan de onderkant niet te zien zijn. Als u bij de hoek komt, haal de naald dan omhoog, precies op de hoek.

17 Vouw de binding naar de achterkant en appliqueer hem vast met een korte blinde steek, net voorbij het machinestiksel. Let op dat u alleen door de bovenlagen naait, zodat de steken aan de onderkant niet te zien zijn. Als u bij de hoek komt, haal de naald dan omhoog, precies op de hoek.

18 Ga door met naaien voorbij de verstekhoek.

De placemats kunnen er aan de voor- en achterkant heel verschillend uitzien, afhankelijk van het weefpatroon dat u gebruikt. Zo lang u dezelfde kleuren gebruikt voor alle placemats, zullen ze nog steeds bij elkaar passen.

draaien en woelen

Ik herinner me hoe ik me als kind bij sommige kerkdiensten nogal verveelde, dus ik besteedde de tijd voornamelijk om te bedenken hoe de overladen hoeden van de dames waren opgebouwd, of hoe tweedjassen geweven waren, of ik bewonderde de prachtige glas-in-loodramen in het indrukwekkende Normandische gebouw. Ik heb glas-in-loodramen sindsdien altijd bewonderd.

Toen ik de eerste proefjes voor deze creatie maakte, heb ik wat gespeeld met het leggen van de biezen: het ene uiteinde gedraaid ten opzichte van het andere. Met zijn zwarte biezen, als het lood tussen de heldere kleuren, herinnert deze techniek me aan de traditionele glas-in-lood applicatietechniek, maar het draaien van de biezen geeft er een fantastisch driedimensionaal effect aan. De stappen laten zien hoe u het kussen op de foto hier tegenover kunt maken, maar alternatieven ziet u bovenaan die bladzijde. Ze zijn gemaakt volgens precies dezelfde techniek, maar het rechter kussen is gemaakt in batikstijl met smalle gevouwen verticale zwarte katoenen 'lood'-strips, en het linker kussen heeft de kleuren in Fibonacciverhoudingen zonder verticale banden.

Creatie van Louise Mabbs (oorspronkelijke titel: *Twist & Grout*) *Afmeting: 37,7 x 37,5 cm*

BENODIGDHEDEN

- ❖ 60 stukjes fel gekleurde katoen, 6,5 cm lang en met wisselende breedte van 4 tot 7,5 cm voor het 'glas'
- ❖ 68 cm van 115 cm brede zwarte katoen, geknipt als volgt:
  - 4 stroken van 4 x 90 cm voor het gedraaide 'lood'
  - 3 stroken van 4 x 39 cm voor de verticale stroken
  - 2 stroken van 6,5 x 39 cm voor de randen
  - 2 stukken van 25 x 39 cm voor de achterkant
- ❖ 45 cm van 115 cm brede witte katoen, geknipt als volgt:
  - 1 stuk van 39 x 39 cm voor de voering aan de voorkant
  - 2 stukken van 25 x 39 cm voor de achterkant
- ❖ 1 stuk vulling, ongeveer 39 x 91,5 cm, geknipt als volgt:
  - 1 stuk van 39 x 39 cm voor de voorkant
  - 2 stukken van 25 x 39 cm voor de achterkant

BINNENKANT:

- ❖ Vulkussen van 37,5 x 37,5 cm

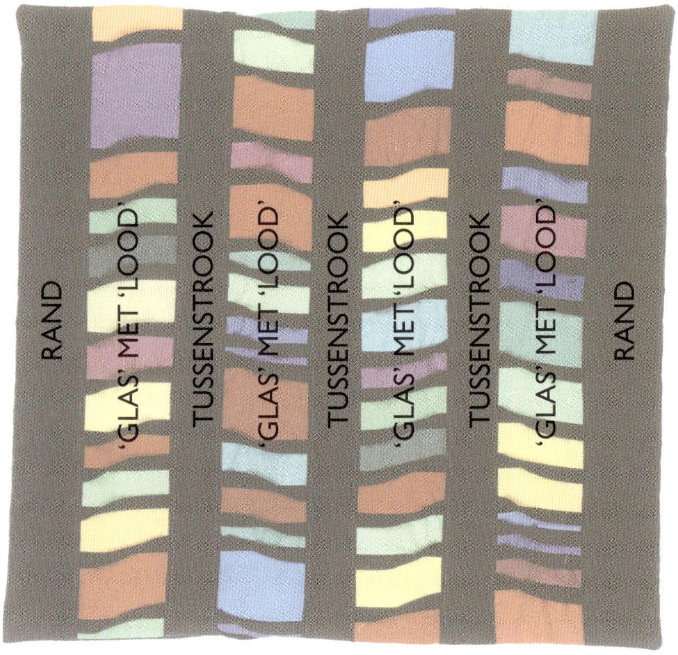

KLEURENSCHEMA

De kleuren in dit kussen zijn willekeurig neergelegd, maar u kunt ze ook leggen als een 'uitgebreide regenboog', volgens het kleurenwiel. Het aantal kleuren zal het resultaat beïnvloeden, dus speel eerst met kleurencombinaties en breedte van de stroken totdat u tevreden bent.

TIP

- Dit is een goede creatie om restanten van andere creaties op te maken, maar u kunt de onderdelen ook maken van lange stofstroken die u tot grote stukken aan elkaar naait en dan loodrecht doorsnijdt in smallere stroken.

- Als u de kleuren uitlegt in een willekeurig patroon, liever dan de 'verlengde regenboog' die hier als idee gegeven is, krijgt u minder herhalingen, maar denk er wel om dat stukjes met dezelfde kleur niet toevallig teveel bij elkaar komen.

- Het kussen kan een ritssluiting krijgen in plaats van de eenvoudige overslag aan de achterkant.

- Materialen en instructies zijn gegeven voor een opening met een overslag achter, maar instructies voor een ritssluiting vindt u op bladzijde 97.

methode ▸

1 Strijk de zwart katoenen 'lood'-stroken in de lengte door de helft met de verkeerde kanten op elkaar. Leg het 'lood' neer en leg de 'glas'-kleuren er bovenop in de goede volgorde, met de goede kanten op elkaar. Stik door de drie lagen met een naadtoeslag kleiner dan 4,5 mm.

2 Snijd langs de randen van de 'glas'-delen met een rolmes en leg ze in dezelfde volgorde onder elkaar.

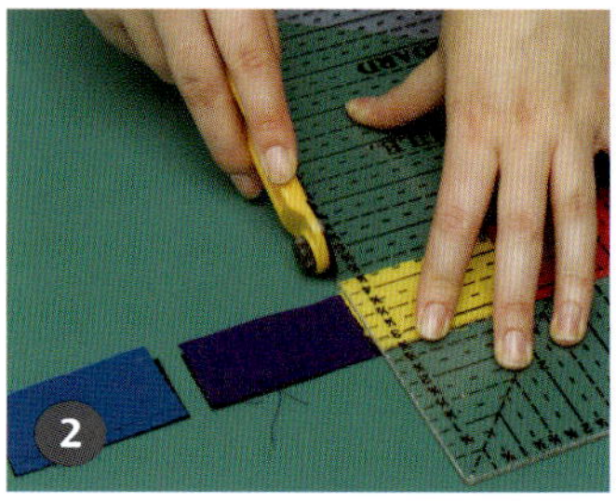

3 Leg het 'glas' van het tweede deel op het 'lood' van het eerste deel met de goede kanten op elkaar en naai de delen langs de eerste naailijn vast. Hierdoor krijgt u een gevouwen 'lood'-strip die naar buiten steekt. Ga door en stik alle onderdelen twee aan twee aan elkaar (zonder de draad af te knippen). Na het laatste paar laat u dit onder de machine zitten en u knipt de andere los. Naai de paren aaneen tot viertallen totdat u vier stroken 'glas' met 'lood' hebt van 39 cm lang.

4 Strijk de stroken aan de achterkant met alle naadtoeslagen in dezelfde richting; strijk dan aan de voorkant tegen de vouwen in. Speld een zijde van het 'lood' vast en speld de andere zijde de andere kant op; neem de naadtoeslagen aan de onderkant mee.

5 Stik beide zijden van de strook om de uiteinden van het gedraaide 'lood' vast te zetten, 4,5 mm vanaf de rand. Naai de 4 cm brede strook zwarte katoen aan beide kanten van de strook met 6 mm naadtoeslag.

6 Naai de andere stroken aan elke kant van de zwarte strook en zo verder met als laatste de 6,5 cm brede zwarte strook voor de buitenrand.

QUILTEN

7 Leg de voering, de vulling en de patchwork top op elkaar en speld om de 7,5 cm vast met kleine veiligheidsspelden. Quilt machinaal in de naden met gebruik van boventransport. Werk langzaam, vooral bij kruispunten van naden.

8 Leg voor de achterkant de witte voeringstof, de vulling en de zwarte achterkant op elkaar met de goede kanten naar buiten en speld om de 7,5 cm vast met kleine veiligheidsspelden. Knip de vulling langs een lange zijkant bij zodat hij 6 mm korter is, vouw de zwarte stof over de witte en zoom vast. Trek lijnen met een stompe naald langs een liniaal evenwijdig aan de gezoomde rand en quilt deze daarna machinaal.

9 Leg voor de opening een van de delen voor de achterkant op de voorkant met de knipkanten van de goede kanten op elkaar. Speld en naai vast met een naadtoeslag van minder dan 3 mm. Speld het tweede deel voor de achterkant erop, met de knipkanten langs de knipkanten van de voorkant, zodat de twee delen aan de achterkant in het midden over elkaar vallen. Stik helemaal rond het overtrek met een naadtoeslag van 6 mm. Knip de hoekjes af en zigzag helemaal rond de naad met een brede steek. Keer binnenstebuiten en doe het vulkussen erin.

Detail van een van de alternatieve kussenontwerpen, met de kleuren volgens Fibonacciverhoudingen, en gedraaid 'lood'.

peulen

Dit idee kreeg ik toen ik aan het experimenteren was met allerlei gevouwen strooktechnieken en hoewel mijn eerste probeersel zwart was en nu deel uitmaakt van de Neepjes en kneepjesquilt (zie blz. 98), herinnerde de vorm me aan de peulen van doperwten. Als u het nog realistischer wil maken, kunt u mini Suffolk Puffs (jojo's) maken of knopen opnaaien die de erwtjes voorstellen!

Als u een groter kussen wilt maken, knip dan van groene stof evenveel stroken in inches (2,5 cm) als de afgewerkte grootte van het kussen in inches, bijvoorbeeld 18 voor een kussen van 45 x 45 cm (18 x 18 inch) en een strook minder van gekleurde stof (in dit voorbeeld 17 stroken). De breedte van het paneel met de kleuren is een derde van de breedte van het kussen, in het voorbeeld 15 cm, plus de naadtoeslagen.

Creatie van Louise Mabbs (oorspronkelijke titel: *Peapods*) *Afmeting: 37,5 x 37,5 cm*

BENODIGDHEDEN

- 68 cm van 115 cm brede donkergroene stof, geknipt als volgt:
  15 stukken van 4 x 14 cm voor de plooien
  2 stukken van 14 x 39 cm voor de zijstukken aan de voorkant
  2 stukken van 21,5 x 39 cm voor de achterkant
  1 stuk van 5 x 39 cm voor de flap van de ritssluiting aan de achterkant
- 14 stukken van 4 x 14 cm in een aantal verschillende kleuren voor de plooien
- 1 stuk van 39 x 39 cm witte katoen voor de voering van de voorkant
- 2 stukken van 21,5 x 39 cm witte katoen voor de voering van de achterkant
- 2 stukken van 21,5 x 39 cm 50grams vulling
- 35 cm lange groene ritssluiting

BINNENKANT:

- Vulkussen van 37,5 x 37,5 cm

KLEURENSCHEMA

Leg de kleuren op volgorde; ik leg ze graag volgens de regenboog.

TIP

- Het afgewerkte kussen kan een overslag hebben in plaats van de ritssluiting. Instructies voor het maken van een overslag vindt u op *bladzijde 93.*

- Met mijn techniek voor het inzetten van de rits in de achterkant van het kussen hoeft u de randen niet eerst af te werken. De tanden van de rits worden bedekt door de stof en kunnen niet ergens aan blijven haken.

- Als u met de hand quilt, gebruik dan veiligheidsspelden om de lagen bijeen te houden, zodat u zich niet aan spelden bezeert.

- Met een stoomstrijkijzer krijgt u geen glimmende stukken waar veel lagen bij de naden op elkaar komen.

methode

1 Maak het voorpaneel door een groene strook aan de eerste gekleurde strook te naaien, dan een groene strook tegen de tweede kleurenstrook, enz. Gebruik een naadtoeslag van 4 mm. Naai achter elkaar in paren zonder de draad door te knippen. Dit spaart tijd en garen.

2 Als alle paren genaaid zijn, knipt u ze los op de laatste na. Naai het eerste paar aan het tweede, het derde tegen het vierde, enz. tot alle stroken aaneen genaaid zijn. Strijk aan de achterkant alle naden dezelfde kant op. Als u een kant van de stof omhoog trekt en in die richting strijkt, kunt u rimpels bij de naden uitstrijken.

3 Vouw de naden langs de naailijnen op elkaar en strijk met de vingers. Naai met een 6 mm naadtoeslag en vorm zo een soort Franse naad. Let op dat de naadtoeslagen een vaste breedte hebben, vooral aan de uiteinden.

4 Strijk het paneel zodat de kleuren verborgen zijn en u alleen de groene stof kunt zien. Speld de plooien vast en naai ze aan de zijkanten vast met een naadtoeslag van 3 mm.

5 Speld de twee zijkanten aan het paneel met de goede kanten op elkaar en

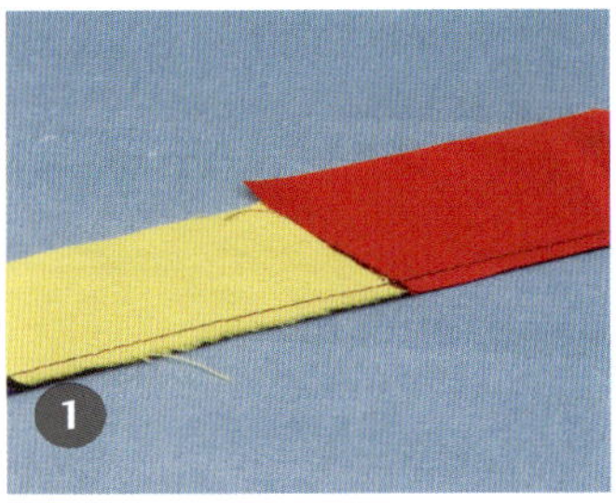
1

2

3

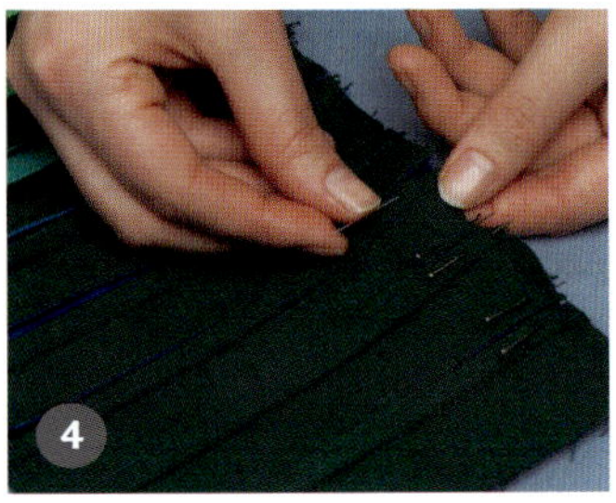
4

stik met een 6 mm naadtoeslag. Het werkt gemakkelijker als u het paneel onder legt. Strijk aan de achterkant met de naadtoeslagen naar buiten gericht. Strijk rimpels aan de voorkant weg.

6 Leg de witte voering, vulling en voorkant op elkaar en speld om de 7,5 cm met veiligheidsspelden. Quilt een lijn langs beide kanten van het middenpaneel net binnen de naailijnen op de plooien. Quilt de peulvormen op beide zijpanelen met een middelgrote steek.

7 Markeer op de delen voor de achterkant de peulvormen zodat de punten aansluiten en teken de halve tekening nogmaals.

8 Maak voor de ritssluiting in de achterkant de strook van 5 x 39 cm in de lengte met de verkeerde kanten op elkaar en strijk. Speld de strook aan een lange kant van de achterkant van het overtrek met de knipkanten op elkaar en naai met een 3 mm naadtoeslag.

9 Speld de ritssluiting met de goede kant op de strook, met dunne spelden loodrecht op de rits.

10 Stik vlak bij de tanden met een ritsvoetje. U kunt niet over het trekkertje heen stikken: met de naald in

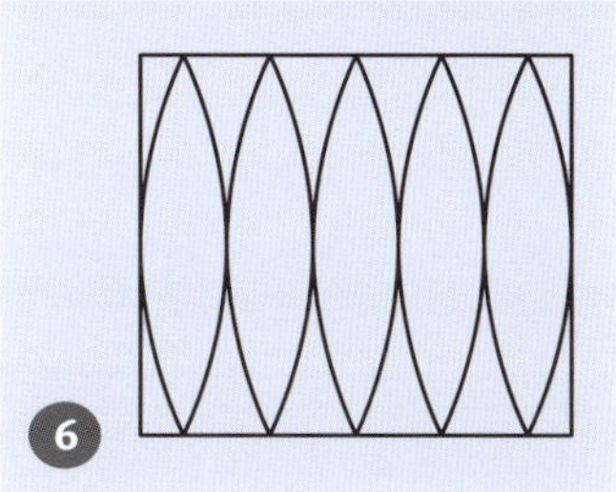

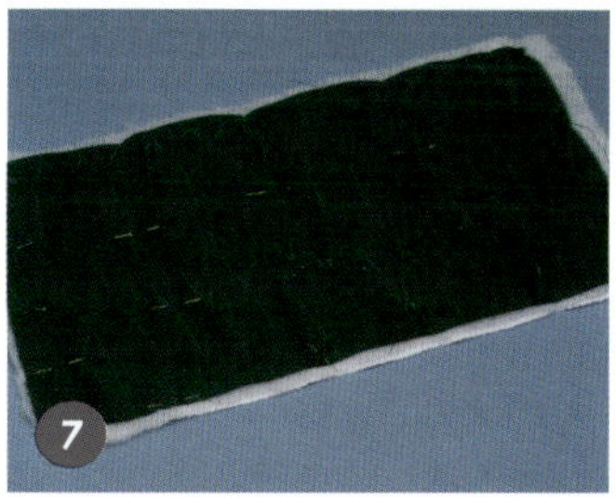

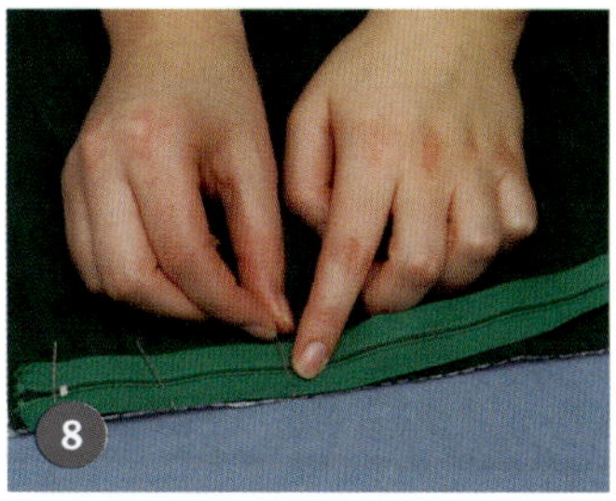

rits en kussen doet u het voetje omhoog en trekt de rits open. Herhaal aan de andere kant, maar zorg ervoor dat beide zijden van de achterkant van het kussen even hoog zitten. Zigzag de randen van de rits tot aan de knipkanten van de achterpanelen.

11 Leg de achterkant op de voorkant met de goede kanten op elkaar en speld. Let op dat de flap van de rits in de goede richting ligt. Speld en stik helemaal rond met een 6 mm naadtoeslag, knip de hoekjes bij en zigzag rond het kussen. Keer het overtrek.

12 Trek met kleermakerskrijt een lijn midden over het paneel met de plooien. Gebruik een lange naald en groen garen, zodat u de naald tussen de lagen naar het volgende naaipunt kunt sturen. Werk langs de lijn en neem de eerste plooi en trek hem naar achteren zodat de kleur zichtbaar wordt. Maak twee kleine hechtsteekjes om de eerste plooi aan de tweede vast te maken. Naai de tweede plooi aan de derde totdat ze allemaal omhoog staan.

13 Steek bij het naaien de naald tussen elk paar plooien tussen de lagen en breng hem weer omhoog halverwege de volgende groene strook.

neepjes en kneepjes

Veel van de blokken van deze quilt waren mijn eerste probeersels voor dit boek en ik heb veel plezier gehad in het maken ervan. Technisch gesproken zijn de meegestikte biezen (piping) stroken stof die tussen andere stroken wordt gestikt; plat of opgevuld met een koord. Plooien zijn vouwen in één stuk stof. Veel quilters gebruiken 'tuck' (plooi) voor dezelfde techniek, en bij deze creatie wordt 'plooi' soms gebruikt voor platte biezen.

Er zijn ten minste 17 variaties in de manier waarop meegestikte biezen hier zijn gebruikt en u zult er waarschijnlijk nog veel meer ontdekken. Het mooie van deze quilt is dat u hem stukje bij beetje kunt opbouwen, met stukjes die bij andere creaties worden afgeknipt. Met een kleur zoals zwart, kunt u er een geheel van maken. Knip of snijd restanten in stroken en naai ze aaneen tot een plat stuk stof en u kunt ze verwerken zodra er genoeg zijn om uw creatie te maken, net zo groot als u wilt.

Creatie van Louise Mabbs (oorspronkelijke titel: *Nip & Tuck*) *Afmeting: 130 x 164 cm*

BENODIGDHEDEN

- 720 cm van 115 cm brede zwarte katoen, als volgt geknipt:
  - 2 stukken van 115 x 118 cm voor de achterkant
  - 9 stroken van 4 x 121,5 cm voor de stroken tussen de blokken
  - 3 stroken van 4 x 55 cm voor de stroken tussen de blokken
  - 2 stukken van 5 x 145 cm voor de randen
  - 2 stukken van 5 x 180 cm voor de randen
  - 6 stroken van 2,5 x 115 cm voor de binding
  - 2 stukken van 22,5 x 115 cm voor de tunnel
  - Gebruik de rest voor de achtergrond van de panelen
- Restanten en stroken van verschillende kleuren, in deze creatie zijn de volgende gebruikt:
  - Kastanjebruin
  - Donkerrood
  - Rood
  - Oranje
  - Zalm
  - Perzik
  - Geelbruin
  - Geel
  - Citroengeel
  - Bleekgeel
  - Geelgroen
  - Lichtgroen
  - Grasgroen
  - Fel groen
  - Donkergroen
  - Blauwgroen
  - Donker turkoois
  - Licht turkoois
  - Lichtblauw
  - Hemelsblauw
  - Donkerblauw
  - Lichtpaars
  - Donkerpaars
  - Donker fuchsia
- Stuk vulling van 140 x 175 cm
- Zwart garen

KLEURENSCHEMA

Het wandkleed bestaat uit willekeurige blokken van zwarte stof met gekleurde meegestikte biezen en veelkleurige delen met zwarte biezen. De blokken zijn aan elkaar gezet met zwarte stroken en achterkant. De gegeven afmetingen zijn voor de afgewerkte panelen van de quilt, dus er moet een 6 mm naadtoeslag bij als u een blok gaat maken.

Blok 1 en 27: 5 x 120 cm
Blok 2: 7,5 x 120 cm
Blok 3, 4, 5, 6: 10 x 30 cm
Blok 7: 12,5 x 75 cm
Blok 8: 12,5 x 45 cm
Blok 9 en 14: 15 x 30 cm
Blok 13: 16 x 33 cm
Blok 10, 12, 15, 17: 25 x 25 cm
Blok 11: 25 x 39 cm
Blok 16: 15 x 25 cm
Blok 18, 20: 12,5 x 30 cm
Blok 19: 12,5 x 60 cm
Blok 21: 7,5 x 21,5 cm
Blok 22: 10 x 22,5 cm
Blok 23: 10 x 60 cm
Blok 24: 21,5 x 30 cm
Blok 25: 7,5 x 22,5 cm
Blok 26: 7,5 x 60 cm

1 RECHTE PLOOIEN (BLOKKEN 1, 19, 20, 25)

Zie de basistechnieken op bladzijde 20-21. Gebruik gekleurde stoffen van verschillende breedten met zwarte meegestikte biezen ertussen. Naai alle uiteinden van de plooien in dezelfde richting vast.

2 GEDRAAIDE PLOOIEN (BLOKKEN 2, 4, 5, 16, 27 ONDERAAN)

Zie de basistechnieken op bladzijde 20-21. Maak een stuk met plooien en zwarte stroken van onregelmatige breedte. Naai de uiteinden van de plooien aan beide kanten in een tegengestelde richting. De stroken kunnen aan

platte randen worden gezet (blok 4) of met de plooien om en om naar boven en naar beneden, zodat ze twee aan twee elkaars spiegelbeeld vormen (blok 27 onderaan).

3 Gevouwen plooien (Blokken 3, 8, 18)

Zie de basistechnieken op bladzijde 20-21. De vouwrand van de plooi wordt naar de naad toe gevouwen en vormt zo minigolfplooien. De plooien kunnen plat tussen de vouwen genaaid worden (blok 3) of er kan een klein golfje in langere plooien gevormd worden (blok 8).

4 Aan een kant gevouwen plooien (Blok 27 bovenaan)

Zie de basistechnieken op bladzijde 20-21. Bij zeer brede biezen moet u misschien een plooi maar tot de helft vouwen omdat helemaal gedraaide plooien het blok teveel vervormen.

5 Opgerolde plooien (Blok 22)

Zie de basistechnieken op bladzijde 20-21. Rol de vouwrand van elke plooi naar achteren naar de naad toe. De vouw moet nog een beetje over de naad heen uitsteken.

6 Geplette plooien (Blok 7)

Zie de basistechnieken op bladzijde 20-21. Strijk de

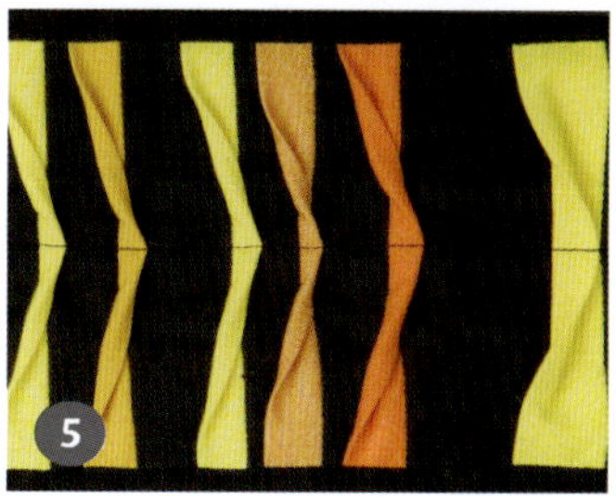

plooien nu plat zodat ze aan twee kanten over de naad heen vallen. Om meer reliëf te maken, kunt u de middens van de vouwen in één richting strijken. Ook kunt u de randen van de geplette plooien aan elkaar naaien of ze met overhandse steken inrimpelen.

7 Golfplooien (Blokken 6, 14, 21)

Zie de basistechnieken op bladzijde 20-21. Rechte meegestikte biezen van gelijke breedte die met machinaal stiksel in tegenovergestelde richting worden vastgezet.

8 Chevronplooien (Blokken 9, 24)

Zie de basistechnieken op bladzijde 20-21. Rechte meegestikte biezen van gelijke breedte worden twee aan twee aan elkaar genaaid, afwisselend naar elkaar toe en van elkaar af. Bij de tweede stiklijn worden de paren omgewisseld. De breedte van de biezen bepaalt of de chevronplooien over elkaar heen vallen (blok 9) of tegen elkaar aan (blok 24).

9 Gevouwen log cabin (Blokken 13 en een deel van 19)

Dit is een gewone gevouwen log cabin. Zie de basistechnieken op bladzijde 18-19.

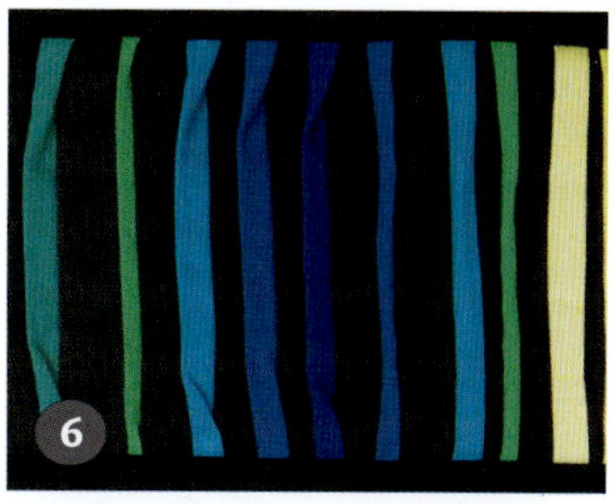

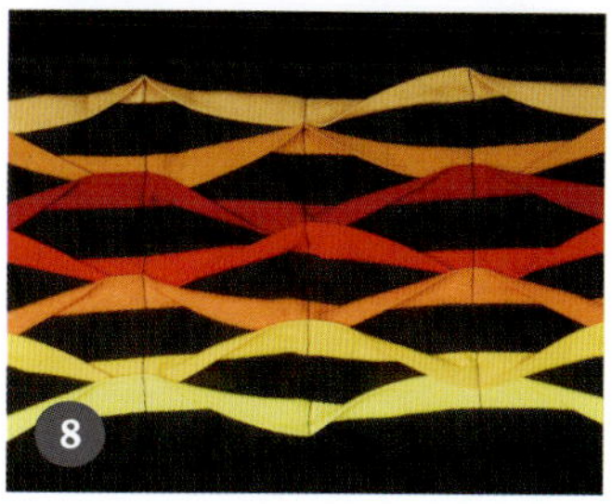

10 Willekeurige log cabin met plooien (blokken 10, 17)

Zie de basistechnieken op bladzijde 20-21. Willekeurig gevormde zwarte stukjes stof krijgen een kleurige plooi en worden in een asymmetrisch schema aan elkaar genaaid.

11 Veelklaeurige plooien (blok 12)

Zie de basistechnieken op bladzijde 20-21. De meegestikte biezen worden gemaakt door afwisselend stroken zwarte en gekleurde stof aan elkaar te naaien en daar loodrechte stroken van te snijden. Snijd een zwarte achtergrond verticaal, horizontaal en schuin, en naai hier de geplooide stroken tussen. Zie bladzijde 107 voor een nadere beschrijving van deze techniek.

12 Plooien met vastgezette randen (blok 15 bovenaan)

Zie de basistechnieken op bladzijde 20-21. Naai stroken van willekeurige breedte aan elkaar, afwisselend zwart en gekleurd. Vouw de zwarte stroken in tweeën, stop de naadtoeslagen in de zwarte plooi en speld de randen van de naad aaneen. Stik een lijn, evenwijdig aan de naden, op de gekleurde stof. Stik twee evenwijdige lijnen door het midden van het blok in dezelfde richting.

13 Middenplooien (blokken 11, 26)

Zie de basistechnieken op bladzijde 20-21. Plooien worden nu gelegd in het midden van de stroken in plaats van bij de naden, dus de plooi is dezelfde kleur als de achtergrond.

14 Bij de naad gevouwen plooien (blok 15 onderaan)

Zie de basistechnieken op bladzijde 20-21. Naai zwarte en gekleurde stroken van dezelfde breedte aaneen. Vouw en strijk de stroken op de naailijnen. Stik eenderde vanaf de rand; de naden zullen dicht opeen liggen. Stik een aantal evenwijdige lijnen er dwars overheen om verschillende hoeveelheden kleur tevoorschijn te laten komen.

15 Peulen (blok 23)

Zie de techniek van de peulen op bladzijde 96-97. Naai stroken van willekeurige breedte aan elkaar, en vouw ze op de naden. Stik een lijn waar de voorafgaande naadtoeslagen achter zitten, en naai de randen vast zodat de kleuren verborgen zijn. Open de paren in het midden zodat de kleuren tevoorschijn komen en naai de randen in het midden met de hand bijeen, of aan de achtergrond vast als de plooien breder zijn.

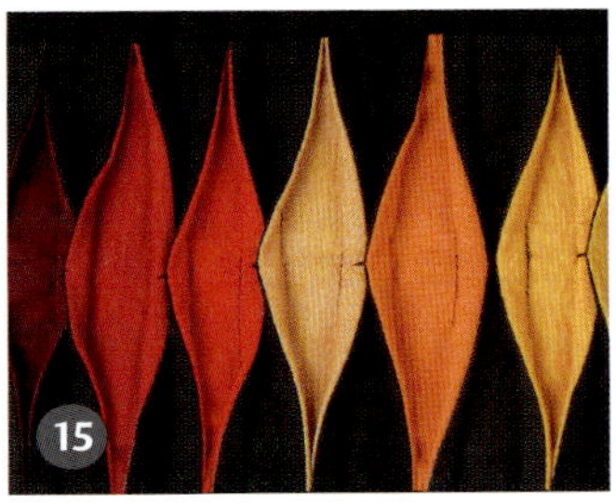

TIP

- Met boventransport voorkomt u dat de lagen verschuiven.

- Trek de draadeindjes naar achteren, maak een knoopje en verstop ze in de vulling.

16 Met de hand genaaide plooien (Blok 11)

Zie de basistechnieken op bladzijde 20-21. Trek de randen van de plooien naar achteren en naai ze vast met enkele overhandse steekjes.

AAN ELKAAR ZETTEN

Maak alle blokken op maat, en naai er 4 cm brede stroken tussen volgens het diagram op bladzijde 100 zodat elk paneel dezelfde lengte heeft. Naai een strook van 4 cm tussen de panelen. Naai een 5 cm brede rand aan de zijkanten, en aan boven- en onderkant. Leg achterkant, voorkant en vulling op elkaar en speld elke 7,5 cm met veiligheidsspelden. Quilt machinaal rond de rand van elk blok, met extra lijnen dwars over grote panelen.

AFWERKING

Snijd de vulling en de achterkant bij. Stabiliseer de lagen met een grote en brede zigzagsteek. Naai 2,5 cm brede bindingsstroken met de korte kanten aaneen. Naai de binding aan de quilt.

Detail van blok 23. De randen van de peulen zijn vastgezet waardoor de kleuren eronder zichtbaar worden.

boeketjes voor rosie 2

De Boeketjes voor Rosie heb ik gemaakt in 2001 tijdens de borduurcursus van City & Guilds. Jean Littlejohn was de docent en ze raadde me aan patchworktechnieken te gebruiken die ik al kende, maar op een andere manier, en ongebruikelijke stoffen; er zaten zelfs plastic groentenetjes bij! Rosie is de middelste naam van mijn dochter van 5 en ze heeft al gezegd dat ze deze quilt wil hebben, want ze is verslaafd aan roze.

Eigenlijk had ik Boeketjes 2 veelkleurig willen maken, maar na enkele probeersels met gestreepte stof vond ik het effect zo leuk, dat ik besloot tot een opvallende uitstraling. Boeketjes voor Rosie 1 was gebaseerd op zeshoeken, maar hier zijn het vierkante basisblokken met 'snowball' of gevouwen rechte hoeken. U zou deze quilt kunnen vereenvoudigen door alle groene driehoeken van dezelfde kleur te maken en door de blokken A-F 31,5 x 31,5 cm groot te maken zonder de witte randen, maar u zult met een blok groter dan 35 x 35 moeten beginnen voordat u het gaat vervormen.

Creatie van Louise Mabbs (oorspronkelijke titel: *Posies for Rosie*) *Afmeting: 131,5 x 173,5 cm*

BENODIGDHEDEN

- 405 cm van 115 cm brede fuchsia katoen, als volgt geknipt:
  - 12 vierkanten van 35 x 35 cm voor blokken A-F
  - 24 vierkanten van 16,5 x 16,5 cm voor blokken 1-9
  - 1 stuk van 180 x 135 cm voor de achterkant
  - 1 stuk van 22,5 x 135 cm voor de tunnel
  - Gebruik de rest van de stof voor meegestikte biezen
- 56,5 cm van 115 cm brede witte katoen, als volgt geknipt:
  - 12 stukken van 2,5 x 29 cm voor de randen van blokken A-F
  - 12 stukken van 2,5 x 31,5 cm voor de randen van blokken A-F
  - Gebruik de rest van de stof voor biezen
- 101,5 cm van 115 cm brede katoen met strepen van 2,5 cm breed in fuchsia en wit voor biezen
- 22,5 cm van 115 cm brede donkergroene katoen, geknipt in 48 vierkanten van 6,5 x 6,5 cm voor blokken 1-9
- 68 cm van 115 cm brede mediumgroene katoen, als volgt geknipt:
  - 48 vierkanten van 6,5 x 6,5 cm voor blokken 1-9
  - 3 vierkanten van 32 x 32 cm, diagonaal doorgeknipt in driehoeken voor de randen boven en onder
  - 2 vierkanten van 17 x 17 cm diagonaal doorgeknipt in driehoeken voor de hoeken
- 56,5 cm van 115 cm brede lichtgroene katoen, als volgt geknipt:
  - 3 vierkanten van 32 x 32 cm, diagonaal doorgeknipt in driehoeken voor de zijkanten
  - 2 vierkanten van 17 x 17 cm diagonaal doorgeknipt in driehoeken voor de hoeken
- 180 x 135 cm 50 grams polyester vulling

KLEURENSCHEMA

Blokken A-F zijn fuchsia, met schuingeknipte en rechte witte en fuchsia ingezette biesjes en smalle witte randjes. Blokken 1-9 zijn log cabin- en spiraalfiguren op fuchsia ondergrond met groene gevouwen hoeken. De quilt is opgevuld met grote groene driehoeken.

TIP

Als u geen stof van de goede kleur kunt vinden met 2,5 cm brede strepen, kunt u hem zelf maken door 2,5 cm brede schilderstape op de stof te plakken met tussenruimtes van 2,5 cm en dan de stof te beschilderen met stofverf.

methode ▸

SCHUIN- EN RECHT-GEKNIPTE BIEZEN (PIPING)

1 Voor rechte biezen snijdt u stroken van 5 cm breed, recht van draad. Snijd van de gestreepte stof stroken naarmate u ze nodig hebt, omdat voor sommige blokken de strepen in de breedte, en voor andere in de lengte gesneden moeten worden. Voor de schuine stroken legt u uw liniaal met de hoek van 45° langs de rand van de stof.

2 Vouw bij grote stukken de stof doormidden met de zelfkanten op elkaar. Snijd 5 cm brede stroken evenwijdig aan de eerste schuine snede. Controleer steeds of de hoek nog wel goed is.

3 Rechte biezen kunnen aan elkaar gezet worden met gewone 6 mm naadtoeslagen, met de goede kanten op elkaar. Met schuingeknipte biezen moeten de diagonale uiteinden altijd in dezelfde richting liggen. Leg de goede kanten tegen elkaar. Er zijn twee manieren om de stroken aan elkaar te zetten. Bij de eerste worden de strepen die evenwijdig aan de diagonaal lopen op elkaar gepast. Markeer een 6 mm naadtoeslag aan een kant en speld de stroken met een rechte hoek tegen elkaar, waarbij driehoekjes aan beide kante van de naad uitsteken.

4 Bij de tweede manier worden strepen aan elkaar gepast die loodrecht op de diagonale knipkant lopen. Markeer een 6 mm naadtoeslag aan de ene kant en speld de randen van de gekleurde strepen op elkaar. Let op dat er genoeg stof aan beide kanten uitsteekt, net als bij de eerste manier. Strijk de naden open en knip de uitstekende driehoekjes af. Strijk de biezen in de lengte dubbel.

BLOKKEN A-F MAKEN

Blok A (maak er 2)

1 Dit blok is recht van draad, is diagonaal doorgeknipt, en heeft rechte witte meegestikte biezen. Begin met een fuchsia vierkant van 35 x 35 cm en teken aan de achterkant diagonale lijnen van hoek naar hoek, zodat een X ontstaat.

2 Maak elke 2,5-5 cm een merkteken; snijd de achtergrondstof dan langs de getekende lijnen door; er ontstaan vier driehoeken. Naai een rechte witte bies tegen de schuine kant van een van de driehoeken. Rek de schuine kant zoveel u kunt, terwijl u de bies strak houdt. De naad zal vervormen, maar zal ten slotte vlak worden. Speld de naad, terwijl u de merktekens op elkaar legt, en stik. Herhaal met de andere twee driehoeken. Speld de naad met de merktekens opeen en let op dat bij het kruispunt de naadtoeslagen in verschillende richtingen liggen. Naai de naad; de schuine opgerekte kant komt weer in vorm als het blok in elkaar zit.

TIP

- Het basisprincipe is het maken van een blok dat iets groter is dan wat u nodig hebt, die aan het eind op maat bijgesneden kunnen worden. Daarom begint u met fuchsia vierkanten van 35 x 35 cm.

- Snijd de lijnen met een rolmes. Gebruik een liniaal voor rechte lijnen, maar snijd uit de hand voor de krommen.

- Naai de biezen aan met een naadtoeslag van minder dan 4,5 mm. Sluit de naden met een naadtoeslag van 6 mm.

- Gebruik zo nodig boventransport voor deze techniek; dit geeft u meer controle over het rekken.

Blok B (maak er 2)

3 Dit blok is recht van draad met roze-wit gestreepte schuingeknipte meegestikte biezen en onderaan in de quilt nog een blok met witte biezen. Begin met een fuchsia vierkant van 35 x 35 cm en trek op de verkeerde kant drie evenwijdige lijnen. Bij twee van mijn blokken is de afstand tussen de lijnen 6,5 cm. Bij het derde zijn de afstanden verschillend van elkaar.

4 Maak elke 5-7,5 cm een merkteken; snijd de achtergrondstof dan langs de getekende lijnen door. Rek de schuine stroken terwijl u ze vastnaait.

5 De achtergrondstof zal gaan rimpelen na het naaien van de bies.

6 Speld de naad aaneen met de merktekens op elkaar. Rek de onderste laag voorzichtig bij het naaien.

Blok C (maak er 2)

7 Dit blok is geknipt in kromme lijnen met rechte roze-wit gestreepte meegestikte biezen. Begin met een fuchsia vierkant van 35 x 35 cm en trek op de verkeerde kant uit de hand drie kromme lijnen van de ene rand naar de andere. Maak elke 2,5-5 cm een merkteken op de kromme lijnen en knip de delen los. Rek de achtergrond tijdens het naaien van de rechte roze-wit gestreepte biezen. Speld de delen opeen met de merktekens op elkaar en rek de bovenste laag tijdens het naaien. Alles zal vlak komen te liggen als de naden gesloten zijn.

Blok D (maak er 2)

8 Dit blok heeft ingezette kromme lijnen met een rechte roze-witte meegestikte bies. Mijn quilt heeft onderaan een blok met een spiraal van schuingeknipte bies, maar dit is erg lastig te maken. In plaats hiervan kunt u twee blokken D maken zoals bovenaan de quilt. Begin met een fuchsia vierkant van 35 x 35 cm en knip het blok in vieren zodat u vier vierkanten krijgt van 17,5 x 17,5. Teken op de verkeerde kant uit de hand in de hoeken een vrije vorm.

9 Maak elke 2,5-5 cm een merkteken op de kromme lijn. Als u het blok in elkaar zet, zult u de ene kant moeten rekken en bij de andere

iets toegeven. Daarom zijn de merktekens nodig, zodat u de delen precies aan elkaar kunt zetten. Knip de kromme lijnen uit de hand.

10 Rek bij het naaien de achtergrondstof zoveel mogelijk, terwijl u de rechte roze-wit gestreepte bies er ongerekt langs legt.

11 Speld de naad, waarbij u de merktekens op elkaar legt. Stik met de binnenbocht bovenop, zodat u deze kunt oprekken terwijl u naait. Zet de vierkanten aan elkaar zodat de biezen ongeveer een cirkel maken.

Blok E (maak er 1)

12 Dit blok is vijfmaal recht van draad doorgeknipt, en heeft rechte meegestikte rechte biezen. Trek aan de achterkant van een fuchsia vierkant van 35 x 35 cm langs een liniaal vijf lijnen, evenwijdig aan de randen van het blok, op afstanden van 5 cm van elkaar. Maak merktekens op 7,5-10 cm afstand op de lijnen en knip dan de delen los.

13 Naai biezen van verschillende breedten langs elke naad. De eerste twee zijn 2,5 cm breed, de volgende 4 cm, de vierde 5 cm en de laatste 7,5 cm. Speld de naden aaneen met de merktekens op elkaar.

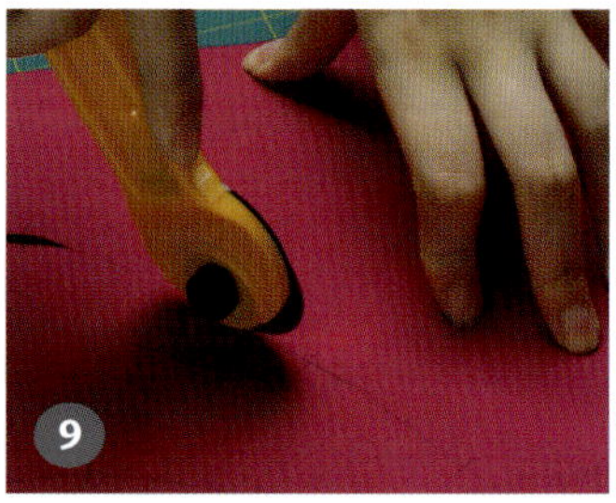

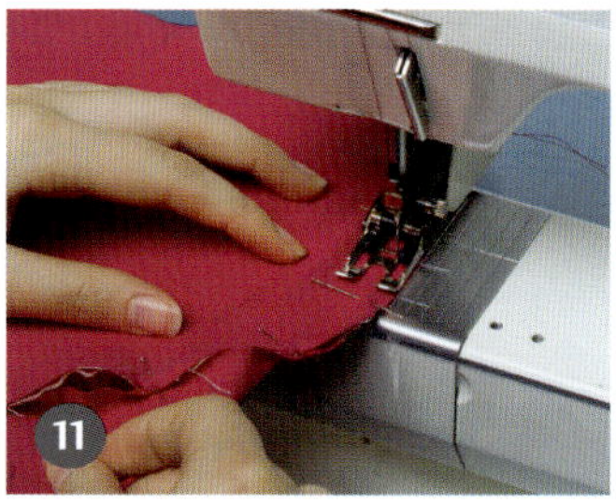

Blok F (maak er 1)

14 Dit blok heeft schuine lijnen met rechte roze-wit gestreepte meegestikte biezen. Teken aan de achterkant van een fuchsia vierkant van 35 x 35 cm drie enigszins schuine lijnen. Maak merktekens op 5-7,5 cm afstand en knip de delen los.

15 Rek de achtergrondstof zoveel mogelijk bij het naaien van de biezen. Speld de naden aaneen met de merktekens op elkaar en rek de stof aan de bovenkant tijdens het naaien.

Blokken A-F afmaken

Snijd alle blokken bij tot vierkanten van 29 x 29 cm. Naai stroken van witte katoen van 2,5 x 29 cm aan tegenoverliggende zijkanten. Strijk de naadtoeslagen naar buiten. Naai stroken van 2,5 x 31,5 cm aan de andere twee zijden.

Blokken 1-9 maken

1 Maak eerst het basisblok. Vouw hiertoe een fuchsia vierkant van 16,5 x 16,5 cm in tweeën.

2 Vouw het nogmaals, in vieren.

3 Open de vouwen en vouw de hoeken naar binnen, zodat de nieuwe schuine vouw even lang is als het stuk tussen de gevouwen hoeken.

Blok 1

4 Dit blok heeft een naar binnen gedraaide spiraal van een schuingeknipte roze-wit gestreepte meegestikte bies. Begin met de bies aan de buitenrand met de gevouwen rand langs een diagonale vouwlijn van de achthoek en ga dan langs een rechte rand. Geef de bies iets toe tijdens het naaien: hij moet plat liggen en de knipkanten een beetje gerimpeld; als u dit niet doet, zal de strook teveel omhoog staan en zullen de knipkanten zichtbaar blijven.

5 Ga door in de rondte naar het midden toe en zorg dat alle knipkanten bedekt worden.

BLOK 2

6 Dit blok heeft een naar binnen gedraaide spiraal van rechte roze-wit gestreepte meegestikte bies. Begin met de gevouwen rand van de bies aan de buitenkant van de achthoek te leggen. Maak kleine plooitjes of rimpels naarmate u de spiraal naar het midden toe vastnaait. Verberg de knipkanten in de volgende ronde.

7 Vouw in het midden de knipkanten van de bies naar achteren. Zet de machine in de vrije borduurstand en maak een bloemmotief over de randen, of zet de machine op een aaneensluitende zigzagsteek en borduur spiraalvormig over de randen.

BLOK 3

8 Dit blok heeft een buitenwaartse spiraal van een schuingeknipte roze-wit gestreepte meegestikte bies. Knip het uiteinde van de bies haaks af en vouw de knipkanten in aan het einde van de strook. Leg de punt van de gevouwen strook op het middenkruis van vouwen. Leg de strook rond, zodat de vouw nog steeds tot het midden komt en ga door in de rondte. Zorg ervoor dat de knipkanten van de vorige ronde steeds bedekt worden.

TIP

- *Maak verschillende spiralen en log cabins:*
- *Het patroon kan met de klok mee of tegen de klok in zijn, hoewel met de klok mee meestal gemakkelijker te naaien is.*
- *Varieer de stoffen en kleuren, en zelfs de rechte en schuine biezen in een blok, voor een maximum aan mogelijkheden.*
- *Gebruik een brede open zigzagsteek voor al deze technieken, omdat het voorkomt dat de randen rafelen. Het is decoratief, hoewel het niet de bedoeling is dat men de randen ziet.*

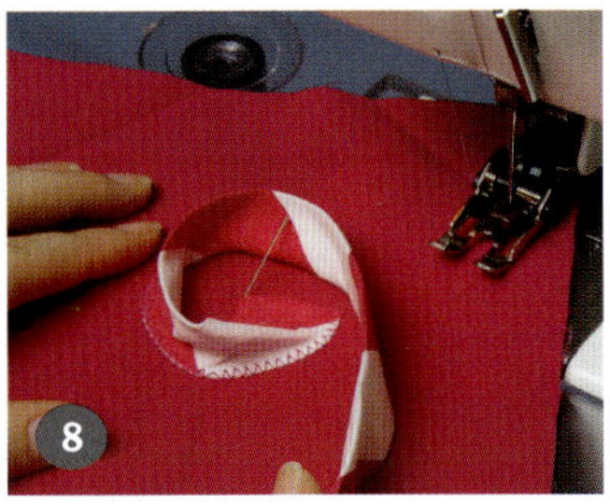

9 Ga door tot de hele achthoekvorm is opgevuld.

BLOK 4

10 Dit blok heeft een buitenwaartse spiraal van afwisselend rechte roze, witte en gestreepte meegestikte biezen. Begin in het midden als in blok 3. Als u de knipkanten plat legt, krijgt u vanzelf plooien op de hoeken.

BLOK 5

11 Dit blok heeft een naar buiten gevouwen spiraal met rechte witte, roze en roze-wit gestreepte meegestikte biezen. Begin met een vouw van de bies in het midden, en vouw steeds verder spiraalvormig naar buiten. Bedek steeds de knipkanten.

BLOK 6

12 Dit blok heeft een naar binnen gevouwen spiraal van een rechte roze-wit gestreepte meegestikte bies, met de strepen in de lengte van de bies. Leg de bies met de vouw langs een zijde van de achthoek, en maak aan het eind van elke zijde een plooi, zodat de strook van richting verandert.

De schuin geknipte meegestikte bies geeft de meest fantastische driedimensionale effecten; met gestreepte stof krijgt u nog meer effect.

13 Vouw de bies naar binnen aan het eind van elk stuk bies.

14 Stik rechtdoor verder over het volgende stuk bies, waarvan ook de knipkanten ingeslagen zijn. Op de foto ziet u dezelfde techniek, maar met de bies loodrecht op de strepen gesneden.

Blok 7

15 Dit blok heeft een buitenwaartse log cabin spiraal, van schuingeknipte of rechte meegestikte biezen, met afwisselend roze en wit. Hoewel u kunt beginnen rond een denkbeeldig vierkantje, ziet u hier de techniek met een in elkaar grijpend midden. U gebruikt vier stukken van 5 cm brede bies. Stik het eerste stuk evenwijdig met de middenvouw, terwijl u het midden op de andere vouw legt. Stik het tweede stuk loodrecht hierop, half over het eerste stuk heen.

16 Stik het derde deel erop als bij stap 15.

17 Stik het vierde deel erop als bij stap 15, maar stop een eind onder de eerste strook, zodat alle stroken in dezelfde richting in elkaar grijpen.

18 Leg een contrasterende kleur bies langs een zijde, stik en knip op de juiste lengte af; knip de draad niet af maar til het voetje omhoog als u dit doet.

19 Leg het volgende stuk dwars over de hoek van het vierkant, evenwijdig aan de randen van de achthoek.

20 Ga zo verder in de rondte, evenwijdig aan de omtrek van de achthoek, tot deze helemaal opgevuld is.

Blok 8

21 Dit blok is een willekeurige log cabin met schuingeknipte of rechte roze en roze-wit gestreepte meegestikte biezen. De biezen worden met een willekeurige hoek aangelegd; de knipkanten van de vorige rondes moeten worden bedekt.

Blok 9

22 Dit blok is een Pineapple log cabin in afwisselend roze en wit. Het wordt net zo gemaakt als blok 7, maar u maakt eerst alle loodrechte stukken van een ronde en vult dan de hoeken van die ronde aan met een andere kleur.

DRIEHOEKIGE HOEKEN MAKEN

23 Vouw de groene vierkanten van 6,5 x 6,5 cm diagonaal. Leg een vierkant op elke hoek van een blok met de goede kanten op elkaar en stik langs de diagonaal. Of leg het gevouwen vierkant op de hoek en speld het op zijn plaats, zodat u het meestikt als de blokken aan elkaar gezet worden. Als u dit doet, hebt u misschien een extra stukje bies op de hoeken nodig om alle knipkanten te bedekken.

IN ELKAAR ZETTEN

Zet de blokken aan elkaar (zie blz. 106); eerst twee aan twee de blokken 1-9, dan de paren aan elkaar met naadtoeslagen die verschillende kanten op gestreken zijn. Leg deze blokken op de punt tussen blokken A-F. Speld ze in rijen en naai met naadtoeslagen van 6 mm. Naai voor de rand de kleinste driehoeken in paren, een mediumgroene en een lichtgroene, en naai deze aan de hoekblokken. Naai de grote groene driehoeken aan het eind van de andere rijen, de lichtgroene aan de zijkant en de donkergroene boven- en onderaan. Zet de rijen aaneen, de naadtoeslagen verschillende kanten op gestreken. Blokken 1-9 zijn dikker, dus daarvan moeten de naden plat liggen. Stik langs de rand van de quilt met een middellange steek om de schuine kanten niet te laten uitrekken.

TIP

- Zet de lichtgroene driehoekige hoekjes aan tegenoverliggende hoeken van de kleine vierkanten en de donkergroene aan de andere twee. Hierdoor krijgt u een evenwichtig patroon.

- Ik laat de uiteinden van de quiltdraden langs de rand hangen en trek ze aan, met de quilt plat op de grond, om de spanning te corrigeren voordat ik ze afhecht.

QUILTEN

Quilt met de hand langs de buitenkant van de grote blokken en knoop de quilt in het midden bij de kleine blokken. Quilt op de buitenste groene driehoeken vierkanten van 15 x 15 cm.

AFWERKING

1 Snijd de vulling aan de randen bij, zodat hij niet meer onder de top uitsteekt en knip de achterkant bij totdat hij aan alle kanten 2,5 cm groter is dan de voorkant. Sla de achterkant om over de voorkant en vouw de knipkant terug. Quilt met de hand door alle lagen heen.

2 Maak hoeken in verstek door de hoek diagonaal te vouwen en het puntje af te knippen.

3 Vouw de binding zodat de diagonale vouw een hoek van 45° met de rand maakt.

4 Vouw de andere rand in met de vouw tegen de andere helft van de diagonale vouw aan, en ga door met het quilten langs de rand.

5 Zoom de knipkanten van de strook voor de tunnel. Leg hem met de goede kant naar buiten bovenaan de achterkant van de quilt en naai de boven- en onderkant op zijn plaats.

flip, flap, flop

De basis van deze techniek heb ik ontdekt in 1982, toen ik een project over slangen deed voor de basiscursus kunst. Ik begon driehoeken te knippen uit de bladzijden van mijn schetsboek, en ontwikkelde later een systematische methode om verschillende lagen uit te meten en te vouwen in een ontwerp. Jaren later ontdekte ik Mola patchwork, en onlangs hebben Nederlandse kunstenaars een techniek ontwikkeld om papier te snijden en te vouwen, die Lacé heet. Uiteindelijk probeerde ik de techniek in stof onder de knie te krijgen. Ik experimenteerde eerst met gebruik van stijfsel, maar de stof kreukelde en gedroeg zich niet zoals ik dat wilde, dus viel ik terug op vliesofix. Als ik papier snijd, maak ik veel gaten in één stuk papier, maar om deze creatie wat eenvoudiger te maken, heb ik vier gaten in een klein vierkant gemaakt; dat kan dan op verschillende manieren vastgenaaid worden.

Afhankelijk van de manier waarop u vormen snijdt en uitlegt, knipt u flappen, vouwt ze om (flip) of laat ze naar beneden vallen (flop). Ik heb al deze variaties vastgestikt maar ik kijk ernaar uit om floppyvariaties te maken! Ik hoop dat u plezier hebt met het experimenteren met andere ontwerpen, vormen en kleuren.

Creatie van Louise Mabbs (oorspronkelijke titel: *Flip, Flap, Flop*) *Afmeting: 57,5 x 100 cm*

BENODIGDHEDEN

- ❖ 169 cm van 115 cm brede zwarte katoen, als volgt geknipt:
  18 vierkanten van 15 x 15 cm
  2 stukken van 57,5 x 101,5 cm voor de achtergrond
- ❖ 45 cm van 115 cm brede donkergrijze katoen, geknipt in 13 vierkanten van 15 x 15 cm
- ❖ 45 cm van 115 cm brede mediumgrijze katoen, geknipt in 15 vierkanten van 15 x 15 cm
- ❖ 34 cm van 115 cm brede lichtgrijze katoen geknipt in 8 vierkanten van 15 x 15 cm
- ❖ 58 cm van 115 cm brede witte katoen, geknipt in 15 vierkanten van 15 x 15 cm
- ❖ 45 cm van 115 cm brede katoen met een smal zwart-wit streepje, geknipt in 12 vierkanten van 15 x 15 cm
- ❖ 23 cm van 115 cm brede katoen met een smal grijs-wit streepje, geknipt in 3 vierkanten van 15 x 15 cm
- ❖ 150 cm van 30 cm brede vliesofix, geknipt in 29 vierkanten van 15 x 15 cm om de vierkanten aan elkaar te plakken, plus kleine restjes om de lagen bij elkaar te houden

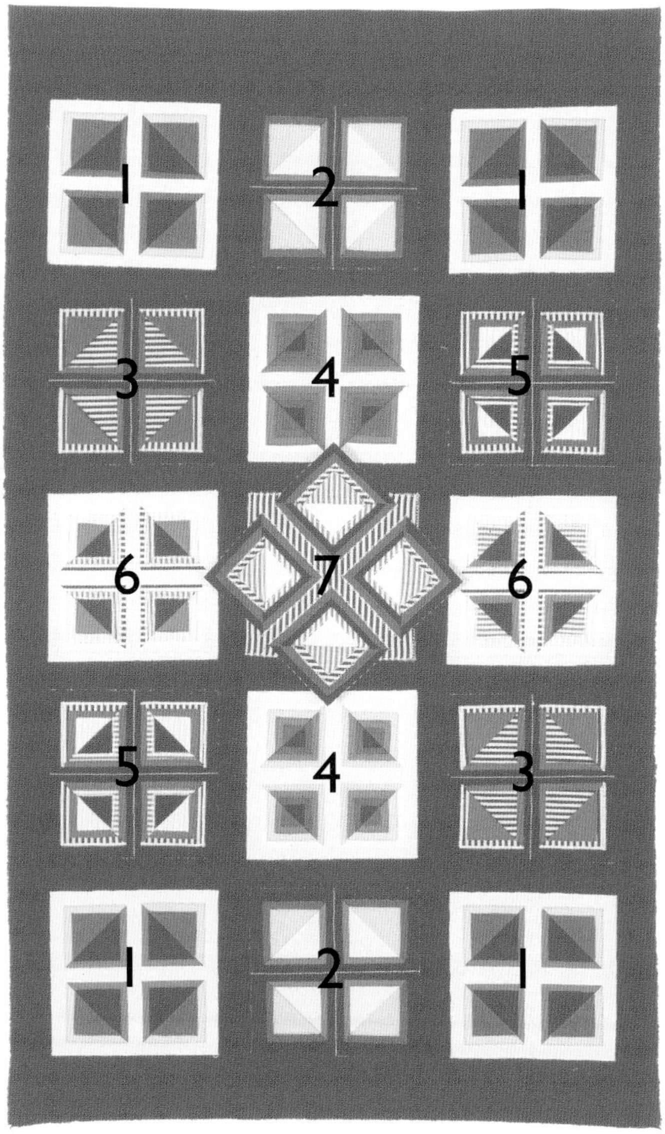

KLEURENSCHEMA

Het kleurenschema in mijn quilt is wat ingewikkelder dan het vereenvoudigde schema voor deze creatie. Sommige blokken bestaan uit vijf lagen, andere zijn zes of zeven lagen dik. Dubbelzijdige vierkanten worden aangegeven door een schuine streep tussen de kleuren.

BLOK 1 – MAAK ER 4
Bovenlaag: wit/lichtgrijs
Tweede laag: mediumgrijs/donkergrijs
Achtergrond: zwart

BLOK 2 – MAAK ER 2
Bovenlaag: zwart/donkergrijs
Tweede laag: mediumgrijs/lichtgrijs
Achtergrond: wit

BLOK 3 – MAAK ER 2
Bovenlaag: zwart/zwart-wit horizontaal streepje (teruggeslagen wordt dit verticaal)
Tweede laag: donkergrijs/mediumgrijs
Achtergrond: zwart-wit verticaal streepje

BLOK 4- MAAK ER 2
Bovenlaag: wit
Tweede laag: lichtgrijs
Derde laag: mediumgrijs
Vierde laag: donkergrijs
Achtergrond: zwart

BLOK 5- MAAK ER 2
Bovenlaag: zwart/zwart-wit horizontaal streepje
Tweede laag: mediumgrijs/donkergrijs
Derde laag: zwart-wit horizontaal streepje/wit
Achtergrond: zwart

BLOK 6 – MAAK ER 2
Bovenlaag: wit
Tweede laag: zwart-wit verticaal streepje/wit
Derde laag: mediumgrijs/grijs-wit horizontaal streepje (wordt verticaal)

BLOK 7 – MAAK ER 1 (DIAGONAAL KRUIS)
Bovenlaag: zwart-wit verticaal streepje/zwart
Tweede laag: donkergrijs/mediumgrijs
Derde laag: zwart/zwart-wit horizontaal streepje
Vierde laag: grijs-wit verticaal streepje
Achtergrond: wit

TIP

- Stevige katoen werkt het best.

- De strepen moeten liefst geweven zijn; bij gedrukte ziet de achterkant er anders uit. Misschien moet u dan extra vliesofix gebruiken en nog een stukje gestreepte stof er met de achterkant tegen aan plakken voor het juiste effect.

- Ik heb een kleurenschema van zwart via grijs tot wit gebruikt omdat dat het meeste effect geeft, maar monochroom (verschillende tinten van dezelfde kleur) of polychroom (veelkleurig) kunnen ook heel effectief zijn.

- Het blok wordt met vierkante lagen stof opgebouwd; sommige vierkanten zijn enkele stof, andere zijn dubbelzijdig door twee opeen geplakte vierkanten. In het kleurenschema worden dubbelzijdige vierkanten aangegeven door een schuine streep tussen twee kleuren.

- Als u de lagen op elkaar legt, begint u bij de bovenlaag en legt de andere erachter.

- Gebruik bakpapier om uw strijkplank en strijkijzer te beschermen als u met vliesofix werkt.

methode ▸

1 De beschreven stappen zijn voor blok 1, maar elk blok is gemaakt met dezelfde techniek. Leg een wit en een lichtgrijs vierkant met de verkeerde kanten op elkaar met een vierkant vliesofix ertussen. Strijk de lagen op elkaar vast. Herhaal met een mediumgrijs en donkergrijs vierkant. Leg de stoffen op volgorde: bovenlaag: wit/lichtgrijs; tweede laag: mediumgrijs/donkergrijs; achtergrond: zwart.

2 Strijk de bovenlaag (wit/lichtgrijs vierkant) horizontaal en verticaal in tweeën. Leg uw quiltliniaal met de 6 mm lijn langs de vouw en maak sneden evenwijdig eraan, 6 mm vanaf de middenvouw en tot aan 15 mm vanaf de buitenrand.

3 Herhaal aan de andere drie zijden, zodat u een driehoekige flap op elke hoek van het vierkant heeft gesneden.

4 Knip driehoekjes van vliesofix en strijk er een achter elke hoek van de flappen aan de witte kant van het vierkant.

5 Haal het papier eraf en strijk de driehoekige flap naar achteren, zodat u het lichtgrijs aan de andere kant van het vierkant kunt zien.

6 De bovenlaag van blok 1 is nu klaar; op de foto is de goede kant te zien.

7 Draai de bovenlaag om en strijk lange smalle stroken vliesofix aan de achterkant op het kruis in het midden en haal het papier eraf.

8 Draai de bovenlaag weer met de goede kant boven en leg hem op de tweede laag (mediumgrijs/donkergrijs vierkant) met de mediumgrijze kant boven. Strijk de bovenlaag op de tweede laag.

1

2

3

4

5

6

7

8

9 Leg de 15 mm lijn van de liniaal op de middenvouw. Maak met een rolmes sneden op een afstand van 6 mm en evenwijdig aan de vorige snede en zo dicht mogelijk tot aan de gevouwen rand. Let op dat u er niet doorheen snijdt. Herhaal aan de andere drie zijden.

10 Maak de snede iets langer met een scherpe schaar tot net onder de vorige gevouwen rand.

11 Strijk driehoekjes vliesofix op de nieuwe flappen en strijk ze dan vast bovenop de eerste gevouwen driehoeken.

12 De tweede laag is klaar; op de foto ziet u de goede kant.

13 In dit stadium zullen de flappen de lagen in de hoeken omhoog trekken, dus strijk een klein stukje vliesofix op alle buitenhoeken en strijk de lagen op elkaar.

14 Draai het blok om met de achterkant boven en strijk kleine vierkantjes vliesofix in het midden en op de buitenhoeken en trek het papier eraf.

15 Leg het zwarte vierkant met de goede kant naar onderen bovenop de achterkant van het blok en strijk op de vliesofix vast om het op zijn plaats te houden.

16 Blok 1 is klaar.

Alle andere blokken zijn op dezelfde manier gemaakt, maar met de volgorde van de lagen en de kleuren zoals op bladzijde 116 is beschreven.

17 Op deze foto ziet u blok 1 naast blok 2 dat op precies dezelfde manier in elkaar is gezet maar met het kleurenschema andersom.

18 Blok 7 begint met diagonale vouwen en elke laag is vastgestikt met bijpassend garen en verschillende zigzagsteken.

IN ELKAAR ZETTEN

Snijd elk blok vierkant bij. Leg de blokken uit op de goede kant van een stuk van de zwarte achtergrondstof volgens het schema met de goede kanten boven, op 2,5 cm afstand van elkaar en 4 cm aan de zijranden en aan de onderkant. De bovenrand moet 9 cm breed zijn.

Het middelste blok staat op de punt en de stofranden zijn versierd met zigzagsteken.

QUILTEN

Appliqueer de blokken op de achtergrondstof. Stik met de naaimachine over de beginvouwen in het midden met een korte rechte steek. Stik rondom elk blok met een brede zigzagsteek met garen in de kleur van het blok. Haal de draden naar de achterkant en hecht ze af.

AFWERKING

Strijk 1,5 cm brede stroken vliesofix aan de achterkant van het paneel, ongeveer 9 mm vanaf alle knipkanten en ongeveer 2,5 cm boven de bovenste rij blokken. Stik met de goede kanten op elkaar het tweede stuk zwarte achtergrondstof aan het paneel vast langs de bovenrand van het paneel. Strijk de naad open en vouw dan de achterkantstof langs de naad naar de achterkant van het paneel. Leg de knipkanten aan de zijkanten en onderkant op elkaar, trek het papier van de vliesofix af en strijk de lagen op elkaar. Markeer 5 cm vanaf de bovenkant een lijn, stik langs die lijn en maak zo een ophangtunnel. Ga verder met stikken rond het hele paneel, 6 mm vanaf de knipkanten. Knoop de eindjes aaneen en verstop ze tussen de lagen.

muizentrapjes

Mijn belangstelling voor het vouwen is begonnen toen ik tien was en mijn peetvader mij een boek van Robert Harbin gaf. Onlangs ruimde ik mijn atelier op en kwam ik piepkleine muizentrapjes tegen en ik vroeg me af of ik ze van stof zou kunnen maken. Er was een nogal stijve stof voor nodig, aan beide kanten gekleurd, dus ik plakte twee stukken stof met de goede kanten op elkaar. Ik gebruikte fast2fuse, dat is een dubbelzijdige versteviging met aan beide kanten lijm. U kunt ook een stijve hobbyversteviging nemen met vliesofix aan beide kanten. Elk stukje heeft een driehoekige doorsnede; het bovenste stukje is plat maar heeft een serie driehoekige randen aan de achterkant.

Creatie van Louise Mabbs (oorspronkelijke titel: *Jacob's Ladder*) *Afmeting: 55 x 87,5 x 6,5 cm*

BENODIGDHEDEN

- 34 cm van 115 cm brede katoen van elke kleur, geknipt in 6 stroken van 5 x 70,5 cm:
  - Donkerpaars (1)
  - Koningsblauw (2)
  - Donker turkoois (3)
  - Licht turkoois (4)
  - Medium groen (5)
  - Lichtgroen (6)
  - Geel (7)
  - Oranjegeel (8)
  - Oranje (9)
  - Rood (10)
- 22,5 cm van 115 cm brede katoen van elke kleur, geknipt in 4 stroken van 5 x 7,5 cm:
  - Roodpaars (11)
  - Kastanjebruin (12)
  - Roodbruin (13)
- 180 cm van 70,5 cm brede fast2fuse, of hobbyversteviging met vliesofix aan beide kanten
- Een aantal spoeltjes koningsblauw garen
- 8 transparante ringetjes voor het ophangen

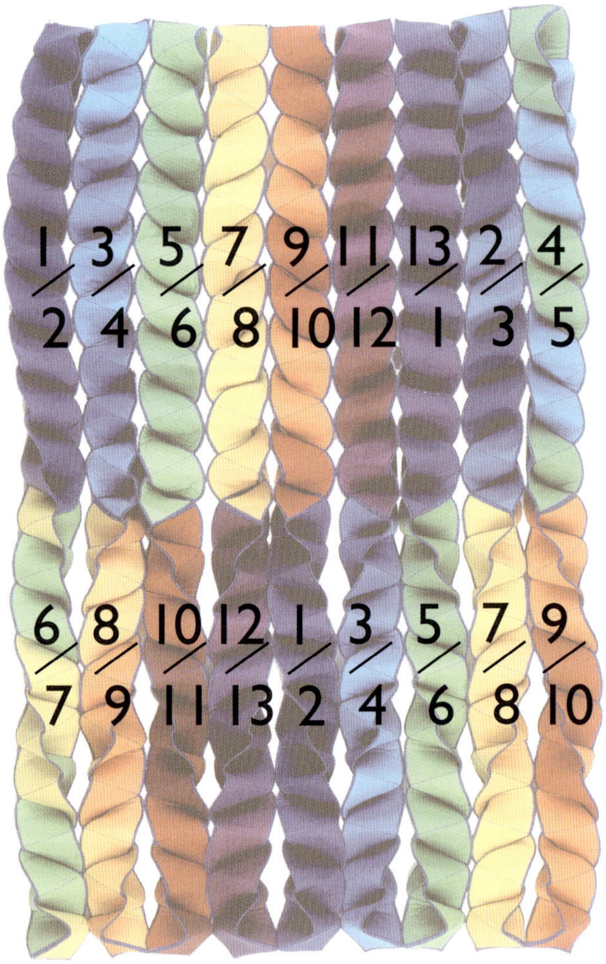

KLEURENSCHEMA

Leg de kleuren op volgorde. Een oneven aantal betekent dat de kleuren tegen elkaar komen in verschillende combinaties. Speld de geplakte stroken in de goede volgorde om verwarring te voorkomen.

methode ▸

1 Leg een lange liniaal met de uiteinden evenwijdig aan de zijkanten van het fast2fuse en snijd een strook van 15 cm breed. Snijd hiervan een 10 cm brede strook en snijd hiervan twee stroken van 5 cm breed. Het materiaal is op deze manier gemakkelijker te hanteren. U hebt 36 stroken van 5 cm breed nodig.

2 Strijk de eerste kleur tegen een kant van de fast2fuse of van de met vliesofix beplakte versteviging. Gebruik bakpapier om uw strijkijzer te beschermen, zodat het niet vuil kan worden.

3 Strijk de tweede kleur stof aan de andere kant van de versteviging. U moet twee stel stroken maken van elke kleurcombinatie.

4 Leg de geplakte stroken op een snijmat en teken aan één kant om de 5 cm een lijn.

5 Stik met de naaimachine langs elke lijn met koningsblauw garen met een heel kort steekje.

6 Aan het eind van elke lijn trekt u de draad langs de rand van de strook en u stikt over de strook naar de andere kant. Deze draden zullen verborgen worden in de zigzagstiksels langs de rand. Als u de stroken liever achter elkaar aan stikt (chain piecing), kunt u eerst de uiteinden aan elkaar naaien en dan de lijnen op de stroken, waarbij u steeds een opening laat tussen de stroken zodat de draden daar om elkaar kunnen draaien.

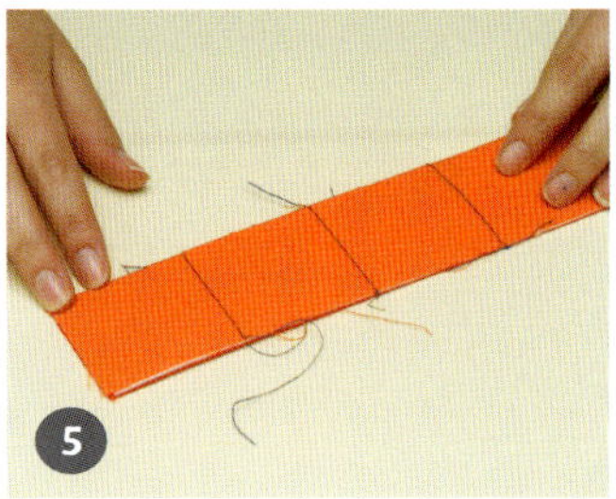

7 Stel de steekbreedte in op 2 en de lengte op 1 en zigzag helemaal rond de strook (zie de foto, bovenste rand). Knip de losse draden af. Stel de machine in op een bredere steek (2,5-3) en dichter opeen, bijvoorbeeld 0,5 en stik helemaal rond de strook, zie de onderste rand op de foto. Knip de draden af.

8 Neem de eerste twee stroken en leg ze loodrecht op elkaar. Speld de boveneinden met een veiligheidsspeld vast tijdens het werken. Begin te vouwen op de genaaide lijnen om een muizentrap te maken.

9 Vouw elke strook van u af, afwisselend de ene strook onder de andere. Het eerste stel stroken dient in de richting van de klok gevouwen te worden, het tweede stel tegen de klok in. Herhaal en wissel de richting van het vouwen.

10 Speld het laatste uiteinde van de strook vast met een veiligheidsspeld.

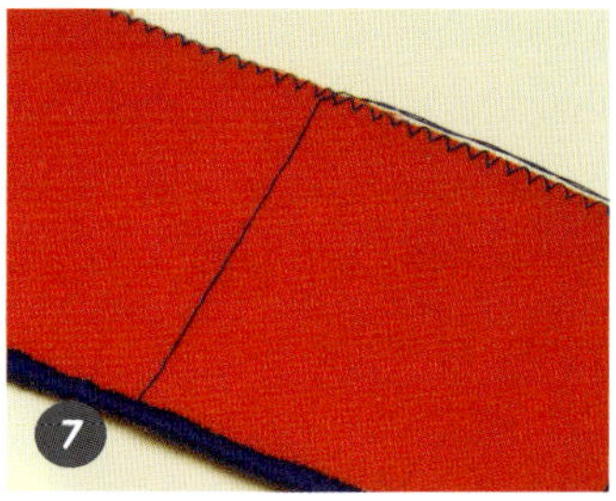

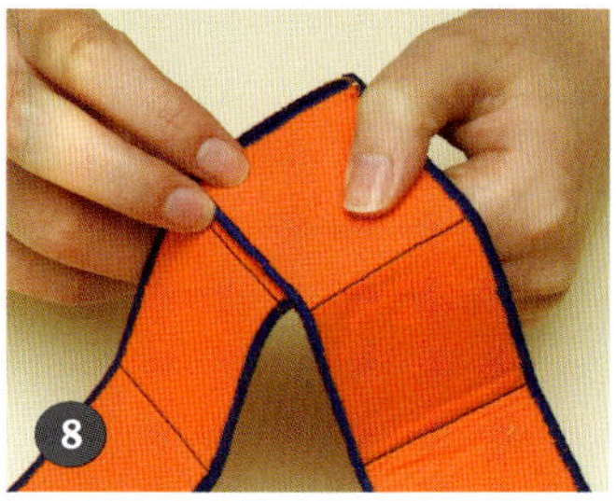

TIP

In het bovenste deel worden alle compartimenten aan elkaar gezet. In het onderste deel elk vierde of vijfde compartiment, dan kunnen de delen meer draaien.

Misschien moet u een beetje met de stroken heen en weer bewegen om ze volgens de genaaide lijnen te kunnen vouwen. Let op dat u de kleuren in de juiste volgorde verwerkt.

11 Naai met een overhands steekje de paren aan elkaar bij elke vouw; dit stabiliseert de structuur.

12 Naai de uiteinden van de stroken aan elkaar aan een uiteinde. Als u verschillende lengten aan elkaar zet, naai dan naar behoefte de gezigzagde uiteinden op elkaar.

13 Speld met veiligheidsspelden de gevouwen strips aan elkaar in de goede kleurenvolgorde. Naai de onderdelen aan elkaar in het midden van de voorste rand van elk compartiment. Misschien moet u de structuur een beetje uitdraaien om te zorgen dat het goed ligt.

14 Naai alle eenheden aan elkaar op een rij. Verbind de hoeken van elke twee stroken; deze foto laat zien hoe de uiteinden van de aaneengenaaide stroken van stap 13 op de hoeken aan elkaar worden gezet.

15 Naai ophangringen bovenaan de muizentrapjes door twee naburige hoeken aan elke ring vast te maken.

Detail van de gedraaide onderdelen in het onderste deel van het wandkleed. Bij het bovenste deel zijn alle compartimenten verbonden, waardoor het oppervlak vlakker wordt met minder draaiing.

EEN QUILT IN ELKAAR ZETTEN

Als u uw quilt in elkaar gaat zetten, dient u eerst over de rangschikking van de blokken na te denken. Houd rekening met kleur, vorm en afmeting van de blokken. Sorteer de kleuren in donker, medium en licht en probeer ze over de quilt te verdelen. Probeer de kleuren met elkaar te verbinden: rood/blauw naast blauw/groen naast groen/geel. Een bepaalde kleur gaat door in het volgende blok.

Als de kleuren van alle blokken dezelfde zijn, kunt u in plaats daarvan met gelijksoortige vormen de quilt in balans brengen. Blokken met een boog staan vaak beter in de bovenhoeken, en onregelmatige vormen kunnen in de middelste kolom komen. Blokken met een plaatje staan vaak het best centraal in het midden. Zorg ervoor dat u zowel boven en onder als links en rechts met elkaar in balans brengt. Om een goede indruk te krijgen van het totale effect helpt het vaak als u de rangschikking bekijkt door uw wimpers of door de zoeker van een camera. Als de quilt op een bed zal worden gebruikt, kijk dan welke blokken over het hoofdeneind liggen en welke aan de onderkant afhangen. Dan ziet u of u de goede kant naar boven hebt.

BLOKKEN ZONDER TUSSENSTROKEN

1 Speld twee blokken aan elkaar met de spelden loodrecht op de naailijn.

2 Naai met de machine of met de hand aan elkaar.

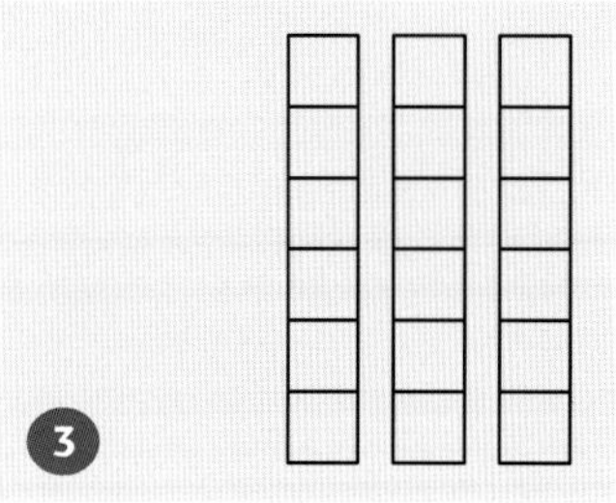

3 U kunt eerst kolommen maken en die dan aan elkaar zetten.

4 U kunt ook in rijen werken en daarna de rijen aan elkaar zetten.

STROKEN (SASHING)

Blokken worden vaak aan elkaar gezet met stroken ertussen. Als er veel verschillende soorten blokken in een quilt zijn, bijvoorbeeld een sampler, of als de blokken er erg verschillend uitzien, kunnen stroken een gevoel van eenheid geven. Ze kunnen ook gebruikt worden tussen kleuren die met elkaar vloeken. Er zijn veel manieren om stroken te gebruiken; de manier waarop ze gebruikt worden moet de blokken aanvullen. De meest gebruikelijke ziet u hiernaast.

1. Rechte stroken.
2. Schuine stroken.
3. Rechte stroken met hoekstenen (cornerstones).
4. Een lijst om de blokken en rechte stroken.

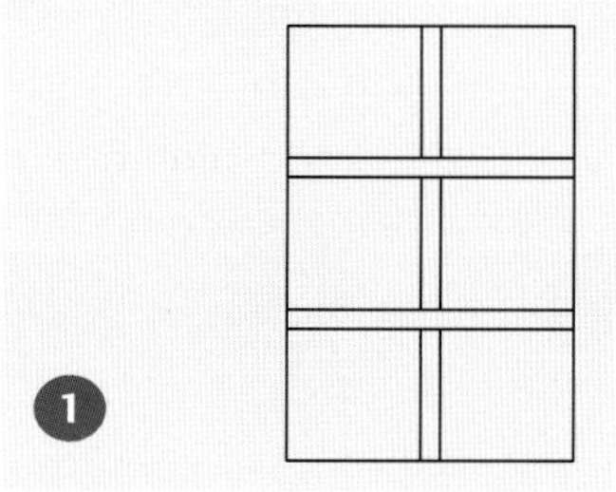

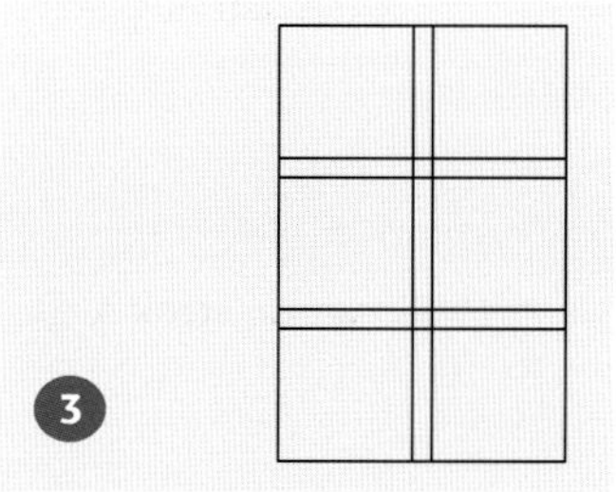

BLOKKEN MET STROKEN AAN ELKAAR ZETTEN

1 Maak eerst een plan en leg de stroken en blokken uit. Tel 15 mm naadtoeslag op bij de breedte van de stroken. Deze breedte knipt u voor zowel de A als de B delen.

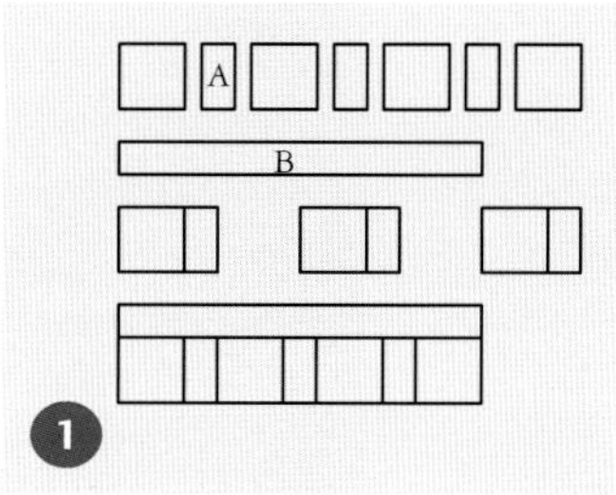

2 U vindt de lengte van een strook A door de zijkant van een blok te meten, inclusief 15 mm naadtoeslag.

3 De lengte van een strook B vindt u door de hoogte van een afgewerkt blok te meten maal het aantal blokken, plus de breedte van een afgewerkte strook maal het aantal stroken en daar eenmaal 15 mm voor de naadtoeslagen bij op te tellen.

4 Knip zoveel stroken A en B als u nodig hebt.

5 Naai de stroken A bovenaan de blokken en naai de blokken aan elkaar tot een rij.

6 Verbind de rijen door middel van de stroken B.

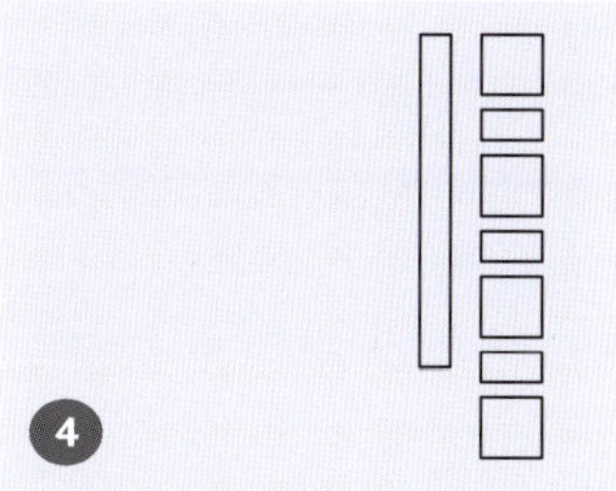

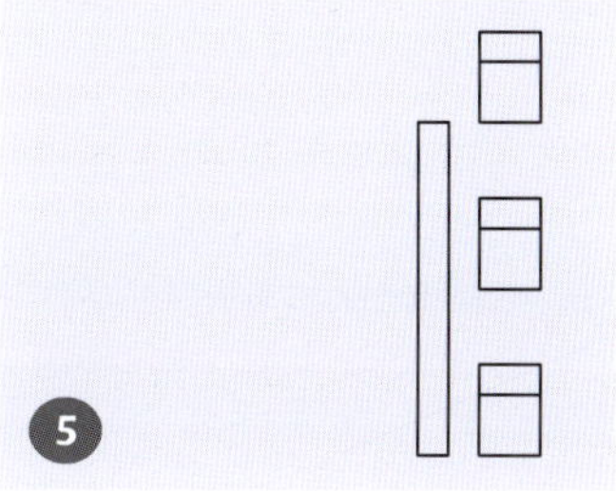

RANDEN

1 De gemakkelijkste rand buitenom is een eenvoudige haakse lijst. Meestal gaan de korte zijden over de lange heen, zoals bovenaan in de tekening te zien is, maar soms maakt men quilts met de lange zijden over de korte, zoals onderaan in de tekening.

2 Een lijst met hoeken in verstek kan iets lastiger zijn, maar met een van de methodes die op bladzijde 126 beschreven zijn, is het veel gemakkelijker.

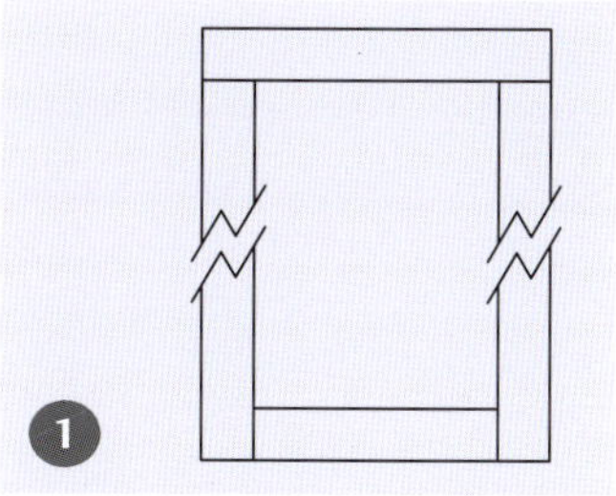

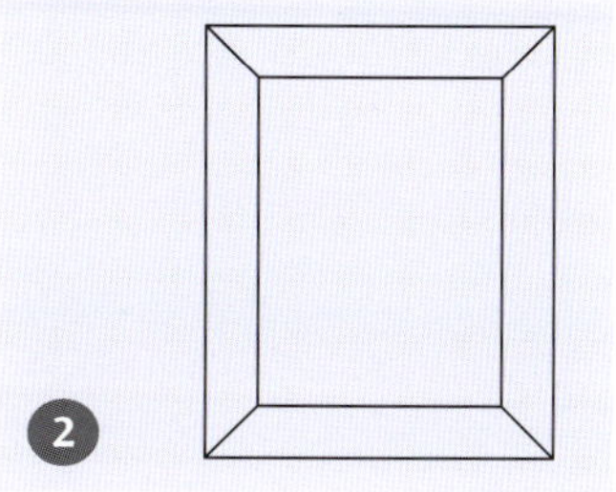

De rechte stroken, gebruikt bij Fold-de-Roll, een sampler quilt van Hilary Burton waarin veel van de technieken in dit boek gebruikt zijn, geeft eenheid in de quilt.

RECHTE RANDEN

1 Meet de zijkanten van de quilt en tel er 15 mm voor de naadtoeslagen bij op. Tel er aan de twee korte kanten de breedte van de randen en 15 mm naadtoeslag bij op.

2 Knip de stroken voor de randen. Als u stukken aan elkaar moet zetten, maak de naad dan in het midden.

3 Speld het midden van de rand van de zijkant en het midden van de zijkant van de quilt met de goede kanten op elkaar. Speld van hieruit naar de uiteinden en let op dat er geen plooien ontstaan.

4 Naai de zijranden vast en stik tot aan het einde van de naad.

5 Vouw de randen aan de zijkant uit en strijk plat, met de naadtoeslag naar de rand toe. Naai de boven- en onderranden aan en strijk als de zijranden.

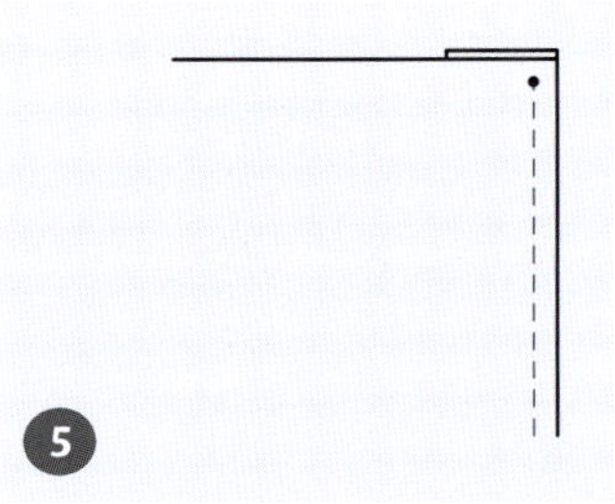

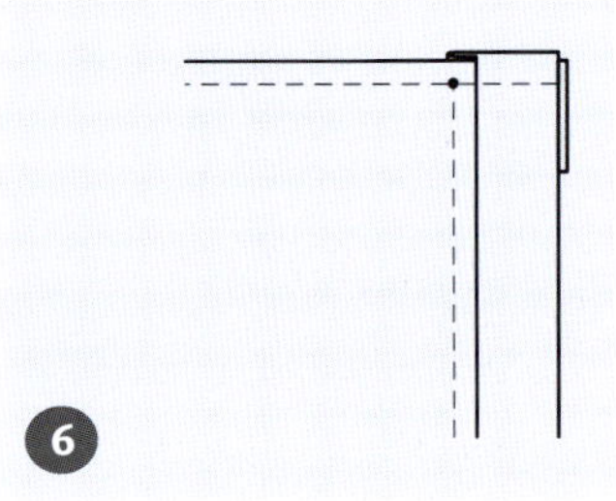

VERSTEKHOEKEN

1 Meet alle zijkanten van de quilt en tel er driemaal de breedte van de rand bij op. Dus als de rand 7,5 cm breed is, telt u er 22,5 cm bij op.

2 Naai de randen aan de quilt als bij stappen 3 en 4. Naai eerst de zijranden en stop met naaien bij de naadtoeslag.

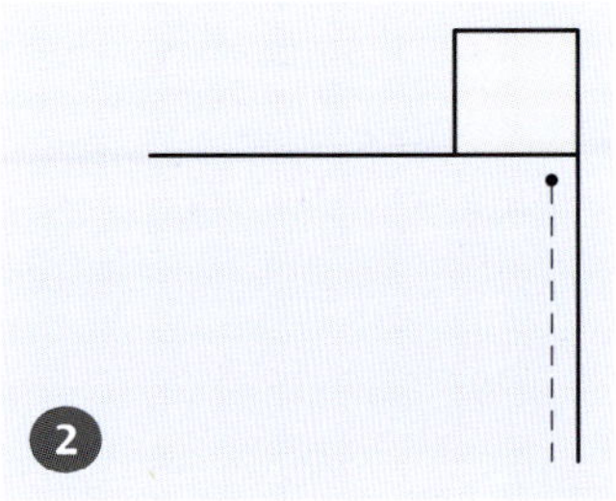

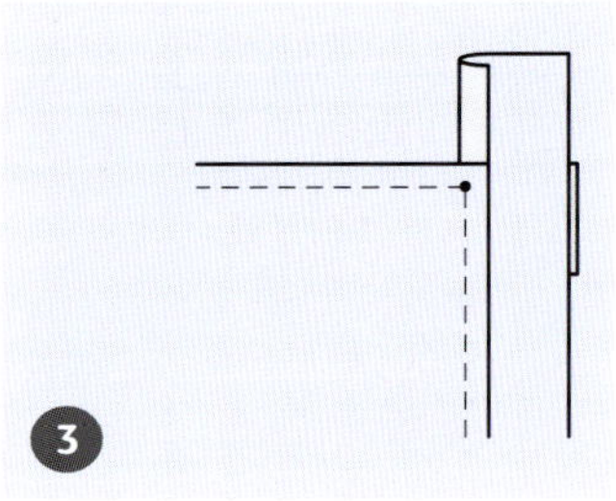

3 Naai de boven- en onderrand vast en stop weer bij de naadtoeslag.

VERSTEKMETHODE 1

1 Vouw de quilt bij de hoek met de goede kanten op elkaar zodat er een hoek van 45° ontstaat. De rand steekt uit en u ziet de achterkant.

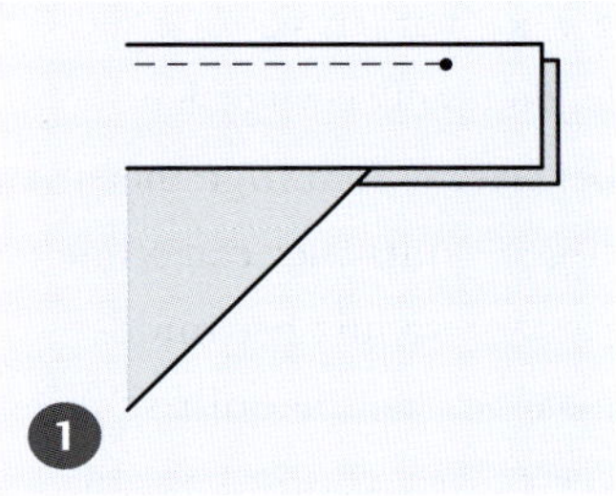

2 Teken een lijn die een hoek van 45° met de rand van de quilt maakt en door het gemarkeerde punt. Naai de randen aan elkaar volgens deze lijn.

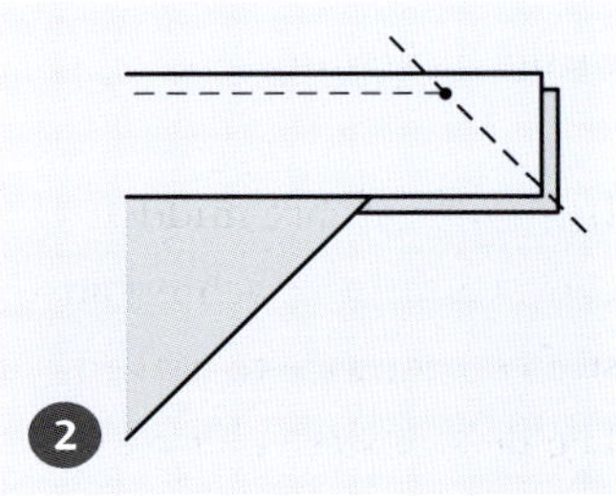

3 Herhaal bij de andere hoeken, strijk de rand plat op zijn plaats met de naadtoeslagen van de verstekhoeken open en die van de blokken naar de rand toe.

VERSTEKMETHODE 2

1 Leg de quilt met de verkeerde kant boven en vouw het uitstekende uiteinde van de rand terug met een hoek van 45°. Maak en scherpe vouw vanaf het snijpunt van de naden naar buiten toe.

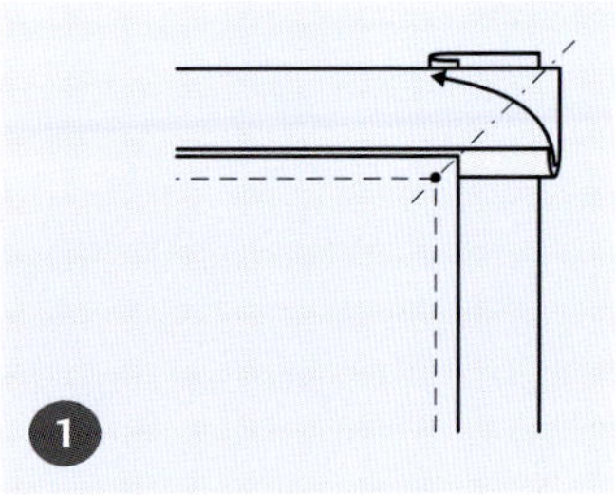

2 Vouw de quilt bij de hoek langs een vouw van 45° en speld langs de diagonale vouwlijn in de rand.

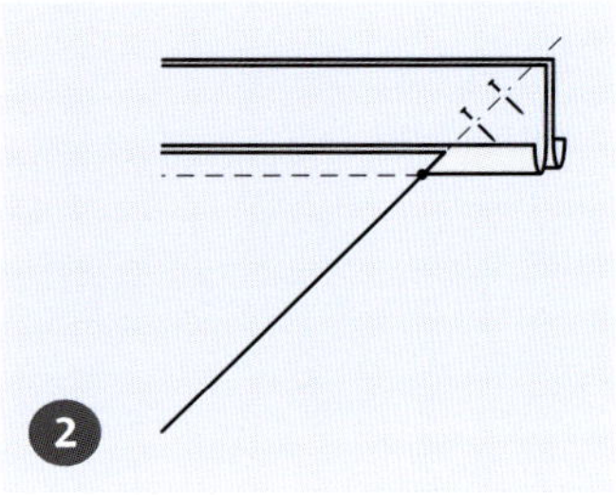

3 Stik vanaf de naad naar buiten toe en knip dan de overtollige stof af.

DE ACHTERKANT ERAAN ZETTEN

De achterkantstof moet aan alle kanten ten minste 2,5 cm groter zijn bij een kleine quilt en 5 cm groter bij een grote. Hij moet gerekt worden voordat de lagen op elkaar worden bevestigd. Sommige mensen rijgen quilts met een stralenpatroon vanuit het midden, maar dit kan de quilt schuin vervormen, dus ik gebruik liever een techniek uit de meubelbekleding.

Begin met in het midden van elke rand van de achterkantstof een vouwtje te maken. Leg de stof weer plat en speld de vouwen met kleine kopspelden op een vloerkleed en trek hem strak zonder te rekken. Een andere manier is de stof op een tafel te plakken met schilderstape. Speld om de 7,5-10 cm aan beide kanten van deze spelden, afwisselend aan de horizontale en verticale zijde zodat hij overal evenveel rekt. Pas op de hoeken niet uit te rekken.

Leg de vulling bovenop de achterkant; hij zal op de spelden liggen. Leg de top op de vulling met de middens op de middenvouwtjes van de achterkantstof. Strijk de top met de handen naar beide richtingen zachtjes glad zonder te rekken, speld met kopspelden vast en rijg dan of gebruik veiligheidsspelden om de drie lagen op elkaar te houden.

Speld langs de middellijnen omhoog en omlaag terwijl u de ruimte steeds naar buiten toe strijkt. Speld op elk kwart langs evenwijdige lijnen, 10-15 cm vanaf de middellijnen naar de buitenranden toe. Rijg volgens een raster langs de spelden in beide richtingen. Verwijder de spelden in de buitenrand door goed in de vulling te voelen waar ze zitten.

AFWERKING

Het quilten en ombiezen is bij de verschillende creaties besproken.

OPHANGTUNNELS

Knip een strook stof van materiaal dat past bij de achterkantstof, even breed als de quilt en 12,5 cm hoog. Vouw beide uiteinden 2,5 cm in naar de verkeerde kant, strijk en vouw de knipkant in de zoom. Stik machinaal vast. Vouw de strook in de lengte met de verkeerde kanten op elkaar, speld en stik langs de lange kant. Zet het einde van de naad vast met een paar steeksteekjes. Strijk de tunnel plat met de naadtoeslagen open en aan de achterkant, halverwege de breedte. Leg de tunnel op de achterkant van de quilt bovenaan, 1,5-2,5 cm vanaf de bies aan de buitenrand, en speld de bovenrand op zijn plaats. Speld de onderrand vast, ongeveer 1,5 cm hoger dan wanneer de tunnel plat zou liggen. Zo is er ruimte om de ophangstok of -lat doorheen te steken zonder dat de voorkant van de quilt vervormd wordt. Naai met de hand de tunnel aan de quilt vast, hetzij met een steeksteek vlak langs de rand, hetzij met een appliquésteekje.

De randen van Jean Martins quilt A Splash of Purple, *hebben verstekhoeken en zowel de stroken als de randen zijn niet gequilt, maar met de hand geknoopt.*

Verder lezen

1000 Quiltmotieven, L. Roberts, ISBN: 978 90 5920 290 0
1000 Quiltpatronen, M. McCormick Gordon, ISBN: 978 90 5920 219 1
Creatief quilten, Sandra Meech, ISBN: 978 90 5920 576 5
Eigentijdse quilts, Sandra Meech, ISBN: 978 90 5920 356 3
Handboek quilten, Katharine Guerrier, ISBN: 978 90 5920 613 7
Sashiko, Susan Briscoe, ISBN: 978 90 5920 762 2
Quilt en patchwork, N. Tinkler, ISBN 978 5920 705 9
Quiltdecoraties, Sally Holman, ISBN: 978 90 5920 756 1
Japanse quiltmotieven, S. Briscoe, ISBN: 978 90 5920 755 4
Sashiko handboek, S. Briscoe, ISBN: 978 90 5920 762 2

Nuttige organisaties

Origami Sociëteit Nederland
Postbus 24054
3502 MB Utrecht
www.origami-osn.nl

Quiltersgilde,
Titanialaan 8,
1562 ZD Krommenie,
075-6287422
www.quiltersgilde.nl

Dankbetuigingen

Met dank aan Marie Clayton, voor de opdracht om dit boek te maken; aan Michael Wicks voor de mooie foto's; aan Carly en Abby, de modellen voor de handen; en aan Louise Leffler voor haar prachtige bladzijde-ontwerpen.

Bovendien wil ik graag bedanken

- Don en Wendy Bruff, mijn peetvader en zijn vrouw, die mij mijn eerste orgamiboek gaven voor mijn tiende verjaardag; ze hadden geen idee dat het hiertoe zou leiden.
- Mama en papa omdat ze me hebben aangemoedigd mijn hart te volgen bij de keuzes in mijn carrière en die, samen met mijn schoonouders, Mike en Angela Mabbs, de zaken waarnamen terwijl ik het werk afmaakte.
- Ken, Jessica en familie die toestemming gaven dit boek op te dragen aan Ruth, die juwelier was, buikdanseres, zangeres, haar kleurrijke banieren zwaaide ter meerdere glorie van God en een grote bron van spirituele wijsheid was voor allen die haar kenden.
- Alex, Zacharia, Joshua an Isabella omdat ze me vrijstelden van huishoudelijke taken zodat ik in mijn atelier kon zijn. Ik heb nog veel goed te maken!
- Val Palin (geboren Moberly), mijn handwerklerares, de eerste die me werkelijk stimuleerde en aanmoedigde, die veel te vroeg overleed aan borstkanker.
- Vera Grey, mijn tante die me handwerken leerde en die me steeds aanmoedigde.
- Al mijn quilt-, origami- en borduurvrienden, en vooral mijn studenten Jean Martin, Hilary Burton, Joanna Hird, Gloria Phillipps, Diane Miller Ingham en Marie Garrett, die enkele ideeën testten.
- God, omdat hij me gaven en ambities gaf.
- Wendy, mijn co-auteur.

LM

Ik wil graag wijlen Margaret Darby bedanken, die me kennis liet maken met het Cathedral Window gevouwen patchwork. Bovendien dank aan Jan Beaney en Jean Littlejohn, die me voortdurend steunden tijdens de cursussen van City & Guilds en die voor het diploma textiele werkvormen.

WL